Junge Katzen

Dr. med. vet.
Eva Maria Bartenschlager

Junge Katzen

FALKEN

ISBN 3 8068 0862 7

Titelbild: Reinhard-Tierfoto, Heiligkreuzsteinach-Eiterbach
Fotos: Horst Bielfeld, Hamburg: S. 3 o. l., 8, 10, 40, 54, 63; Bärbel Gerber, Hamburg: 13 r., 42, 45 r., 48, 49, 62, 66; Silvestris Fotoservice/Fritz Prenzel, Kastl/Obb.: S. 17; Udo Janssen, Emden: S. 3 u. l.; Reinhard-Tierfoto, Heiligkreuzsteinach-Eiterbach: S. 1, 2, 3 u. und o. r., 6, 11, 13 l., 19, 22, 23, 25, 30, 31, 32, 36, 38, 39, 41, 43, 45 l., 46, 47, 50, 51, 52, 53, 56, 57, 58, 64, 65, 67, 69, 70.
Zeichnungen: Ute Kuhn, München
Die Ratschläge in diesem Buch sind von der Autorin und vom Verlag sorgfältig erwogen und geprüft, dennoch kann eine Garantie nicht übernommen werden. Eine Haftung der Autorin bzw. des Verlags und seiner Beauftragten für Personen-, Sach- und Vermögensschäden ist ausgeschlossen.
Gesamtkonzeption: Falken-Verlag, D-65527 Niedernhausen/Ts.

0786287X817 2635

Inhalt

Kater und Katze

Einige Worte zuvor

Die Vorstellung, daß eine Katze mindestens einmal in ihrem Leben Junge bekommen muß, ist auch heute unter Katzenfreunden noch weit verbreitet. Tatsache ist aber, daß dieser Meinung jede wissenschaftliche Begründung fehlt. Deswegen wollen wir an dieser Stelle für die immer noch Ungläubigen wiederholen: Es schadet weder der körperlichen noch der seelischen Gesundheit einer Katze, wenn sie nie in ihrem Leben Junge bekommt.
Auch der Glaube, daß eine junge Katze beim ersten Wurf nur zwei bis drei Kätzchen zur Welt bringt, hält sich, trotz gegenteiliger Erfahrungen, hartnäckig. Das Erstaunen bei den betroffenen Katzenfreunden ist dann natürlich groß, wenn sich plötzlich ein »Kindersegen« von sechs oder gar acht jungen Kätzchen einstellt, wo man doch nur mit zwei bis drei Jungtieren gerechnet hatte. Und schon steht man unversehens vor dem Problem: Wohin mit dem Katzensegen?
Deswegen wollen wir diesem Buch die dringliche Aufforderung voranstellen, sich die folgenden Fragen ehrlich zu beantworten – bevor die Katze trächtig wird:

- Ist meine Katze gesund und/oder alt genug, um mit den Belastungen durch Trächtigkeit, Geburt und Aufzucht der Jungen fertig zu werden?
- Kenne ich genügend liebe- und verantwortungsvolle Interessenten für den Nachwuchs? Klären Sie diese Frage, bevor Ihre Katze trächtig wird!
- Bin ich bereit, Zeit, eventuell auch Geld (zum Beispiel für den Tierarzt) zu opfern, um die Kleinen und die Mutter optimal zu versorgen?

Wenn Sie auch nur eine dieser Fragen mit »Nein« beantworten müssen, sollten Sie auf den Katzennachwuchs lieber verzichten und Ihre Katze am besten kastrieren lassen (siehe Seite 16). Das ist ein stärkerer Ausdruck Ihrer Tierliebe, als wenn Sie – eventuell – dazu beitragen, das Heer der streunenden und hungernden Katzen weiter zu vergrößern.

Geschlechts- und Zuchtreife

Hat man den Entschluß gefaßt, seine Katze decken zu lassen, sollte das nicht unbedingt gleich mit dem Eintreten der Geschlechtsreife geschehen, sondern man sollte bis zur Zuchtreife warten.
Ziemlich oft werden die beiden Begriffe »Geschlechtsreife« und »Zuchtreife« verwechselt. Deshalb sollen sie an dieser Stelle kurz erläutert werden: Geschlechtsreife bedeutet, daß die Geschlechtsorgane der Katze oder des Katers soweit entwikkelt sind, daß Geschlechtshormone gebildet werden. Der Fortpflanzung steht also nichts mehr im Wege, auch wenn das Tier

körperlich noch nicht ausgewachsen ist. Die Katze wird das erste Mal rollig, und der Kater setzt das erste Mal seine Duftnoten ab, er markiert. Zuchtreif dagegen ist eine Katze erst, wenn sie weitgehend ausgewachsen ist, was in der Regel mit etwa einem Jahr der Fall ist. Die Zuchtreife ist also eine Festlegung des Alters, ab dem mit einer bestimmten Katze gezüchtet werden darf.
Zuchtreife ist vor allem in der Edelkatzenzucht ein wichtiger Begriff. Der älteste deutsche Katzenzüchterverein, der 1. Deutsche Edelkatzenzüchterverband, hat in seiner Satzung festgelegt, daß eine Katze erstmalig im Alter von zwölf Mona-

Wollen Sie mit Edelkatzen wie dieser Siamkatze züchten, achten Sie auf die Bestimmungen über die Zuchtreife. △

Diese wunderschöne Kartäuserkatze zeigt die für diese Rasse typische blaugraue Färbung. ▽

ten gedeckt werden darf. Außerdem darf das Muttertier in zwei Jahren höchstens drei Nester, also Würfe, haben.
Die Festlegung der Zuchtreife soll die Katze unter anderem vor gewinnsüchtigen Züchtern schützen. Wer vor dem festgesetzten Termin mit der Zucht beginnt, benötigt ein tierärztliches Attest, da ihm sonst der Ausschluß aus dem Verband droht. Bei Ausschluß gibt es keine Stammbäume für den Katzennachwuchs, und auch die besten Zuchtergebnisse werden nicht anerkannt.
Bei einigen freien Verbänden sind die Vorschriften nicht ganz so streng, und das Decken einer Edelkatze ist schon im Alter von zehn Monaten erlaubt.
Für Kater gibt es keine besonderen Vorschriften, sie dürfen mit Erlangen der Geschlechtsreife auch decken. Bestimmungen liegen nur für die Häufigkeit des Deckens vor: So darf ein Kater nur eine Katze pro Woche decken. Für die Aufnahme ins Deckkaterverzeichnis sind allerdings strikte Aufnahmebedingungen zu erfüllen.
Auch Besitzer von Hauskatzen sollten sich die Erfahrungen der Züchter zu Nutze machen und die Katze nicht gleich mit Eintreten der Geschlechtsreife decken lassen. In der Regel sollten noch einige Monate, zumindest aber die nächste Rolligkeit, abgewartet werden, damit die Katze kräftig genug ist, ihre Jungen komplikationslos auszutragen, zur Welt zu bringen und auch großzuziehen.

Äußere Anzeichen

In den meisten Fällen werden Hauskatzen im Alter von sieben bis neun Monaten geschlechtsreif und damit das erste Mal »rollig«.
Anders verhält sich dies bei Edelkatzen: Die kurzhaarigen Rassen sind meist frühreif, besonders auffällig ist dies bei den Siamesen. Hier kann die erste Rolligkeit schon am Ende des fünften Monats auftreten. Langhaarige Edelkatzen, wie die Perserkatzen, sind dagegen eher Spätentwickler. Da kann es sogar vorkommen, daß bei Kater und Katze die Geschlechtsreife erst im Alter von einem Jahr (in extremen Fällen auch erst mit eineinhalb Jahren) eintritt.
Sie brauchen keine Bedenken zu haben, daß Sie nicht merken werden, wann Ihre Katze rollig wird, denn Rolligkeit ist unverkennbar. Die Katze benimmt sich in dieser Zeit völlig anders als sonst. Sie hat einen starken Drang nach draußen, und schon ein offener Türspalt genügt, und Ihre Katze ist entwischt und wandelt auf »Freiersfüßen«. Meist kommt sie nach einigen Tagen ganz abgekämpft wieder zurück, und zwei Monate später hat sie dann fast immer kleine Kätzchen.
Paßt man aber auf und hält die Katze im Haus oder der Wohnung fest, dann fängt sie an zu schmusen, trägt den Schwanz hoch und streckt einem ihr Hinterteil entgegen.
Auf dem Höhepunkt der Rolligkeit führt sie dabei mit den Hinterbeinen kleine Trampelschritte aus. Anschließend rollt sie sich auf dem Boden entlang (daher der Name »rollig«) und miaut fast ständig – je

Perserkatzen gehören zu den langhaarigen Katzenrassen, die von ihrem Besitzer eine intensive Betreuung und Fellpflege fordern.

nach Rasse mehr oder weniger laut. Meist dauert dieser Zustand drei bis sechs Tage und Nächte an.

Besonders das ständige Miauen und die unübersehbar heftige Sehnsucht der Katze, nach draußen zu kommen, hat schon manchen entnervten Katzenbesitzer dazu veranlaßt das Tier gegen seine ursprüngliche Absicht doch rauszulassen und unerwünschten Kindersegen zu riskieren.

Wer also nicht »Nerven wie Drahtseile« hat oder über ein unerschöpfliches Reservoir von verantwortungsbewußten Abnehmern verfügt, muß sich spätestens nach der ersten Rolligkeit seiner Katze Gedanken machen, wie es weitergehen soll. Unternimmt er nämlich nichts gegen weitere Rolligkeiten (näheres dazu siehe Seite 16) und wird die Katze nicht gedeckt, wird sich dieser Zustand alle paar Wochen wiederholen und kann – wenn es zu keiner Paarung kommt – dann bis zu zwei Wochen dauern. Und das wollen Sie bestimmt weder sich noch ihrer Katze zumuten! In manchen Fällen kommt es bei Katzen auch zu einer Dauerrolligkeit. In diesem Fall müssen Sie mit Ihrer Katze unbedingt zum Tierarzt gehen, denn oft ist in solchen Fällen der Hormonhaushalt gestört und eine Behandlung erforderlich. Ganz unverantwortlich wäre es natürlich, wenn man die Katze zwei-, manchmal sogar dreimal im Jahr Junge bekommen ließe. Das erschöpft nicht nur das Muttertier, sondern das Unterbringen der Kinderschar wird schnell ein wirkliches Problem.

Die Rolligkeit einer Katze erkennt man unter anderem daran, daß sich das Tier auf der Erde hin- und herrollt und dabei mehr oder weniger laut nach einem Kater ruft.

Gesunde Eltern – gesunde Kinder

Hat man sich nun nach reiflicher Überlegung entschlossen, die Katze Junge bekommen zu lassen, gibt es neben dem Abwarten der Zuchtreife auch noch einige andere Punkte zu beachten. Denn nur gesunde Eltern garantieren einen gesunden Nachwuchs und Freude bei der Aufzucht der Kätzchen.

Ganz wichtig ist, daß die Katze alle notwendigen Impfungen bekommen hat. Wenn man züchtet, sind Impfungen nämlich besonders wichtig, denn wie schnell verbreitet sich eine Seuche und gefährdet dann nicht nur das Leben der Mutter, sondern auch das der Katzenwelpen, die noch wenig Abwehrkräfte haben.

Birmakatzen gehören zu der Gruppe der Halblanghaarkatzen.

Für freilaufende Katzen ist – auch im Interesse der menschlichen Familienmitglieder – eine Tollwutimpfung unerläßlich, die jedes Jahr wiederholt werden muß. Kommt die Katze nicht aus der Wohnung und wird auch nicht zu Ausstellungen oder ins Ausland mitgenommen, ist eine Tollwutimpfung nicht erforderlich.
Wichtig sind auch die Impfungen gegen Katzenseuche, Katzenschnupfen sowie gegen die gefürchtete Katzenleukose (-leukämie), die nach einem Jahr aufgefrischt werden müssen. Bei Zucht- und Ausstellungskatzen wird neuerdings auch eine Impfung gegen Chlamydien (fiebrige Erkrankungen der oberen Luftwege und eine langwierige, clamydienbedingte Augenschleimhautentzündung) gefordert. In Kürze wird man auch gegen die infektiöse Bauchfellentzündung, F.I.P. genannt, mit einer Impfung schützen können.
Auf jeden Fall sollte man das Blut der Katze vor der Impfung auf Leukose untersuchen lassen.
Nur negative Katzen sollten geimpft werden; nur negative Katzen dürfen zum Decken zugelassen werden!
Eine Wurmkur sollte man vorsichtshalber durchführen. Bei freilaufenden Katzen ist dies besonders wichtig, da bei ihnen immer die Gefahr des Parasitenbefalls besteht. Durch Untersuchung einer Kotprobe kann der Tierarzt die geeigneten Mittel bestimmen und verschreiben.
Bei einer gesunden, kräftigen Katze spricht nach diesen Vorbereitungen eigentlich nun nichts mehr gegen eine Trächtigkeit. Und dieses »Gesundheitsprogramm« gilt natürlich gleichermaßen für den zukünftigen Vater (beziehungsweise für alle Katzen und Kater, egal ob nun Nachwuchs geplant ist oder nicht).

Die Wahl des Katers

Sie haben nun also eine gesunde, kräftige Katze zu Hause, die gedeckt werden soll. Am einfachsten ist das natürlich für die Katzenbesitzer, deren Katze die Möglichkeit des freien Auslaufs hat. Sie brauchen Ihre Katze nur bei der nächsten Rolligkeit wie gewohnt rauszulassen, und sie wird mit ziemlich hoher Wahrscheinlichkeit nach einigen Tagen gedeckt worden sein. In der Paarungszeit hört man oft nachts das sogenannte Katzenkonzert, das Fauchen und Miauen und hin und wieder auch einen bösen Schrei. Der Kater umwirbt die Katze so lange, bis sie ihn erhört und sich decken läßt. Hat er die Katze aber gedeckt, macht er sich gleich aus dem Staub, um nicht noch nachträglich einige unsanfte Hiebe von seiner Angebeteten abzubekommen.
Dieses Vorgehen ist aber nur den Katzenbesitzern zu empfehlen, deren Katzen Auslauf gewohnt sind und denen dafür ein vom Straßenverkehr und anderen Gefahren weitgehend freies Gelände zur Verfügung steht. Auch sonst vorsichtige und bedächtige Katzen können nämlich

Dieser prächtige Hauskater wird im Kampf mit dem Rivalen sicher seinen »Mann« stehen.

Unerfahrene Züchter von Edelkatzen sollten sich bei der Wahl des Katers von Zuchtverbänden beraten lassen.

während der Rolligkeit so abgelenkt sein, daß sie ihr gewohnt umsichtiges Verhalten vergessen. Besonders in der Stadt kommen viele dieser Tiere im Straßenverkehr um, werden auch manchmal nur angefahren und gehen dann jämmerlich zugrunde. Auf dem Land ist diese Gefahr zwar etwas geringer, dafür lauern dort Jäger und manchmal auch Tierfänger auf junge Katzen.

Ist es also zu gefährlich, seiner Katze Auslauf zu gewähren, ist es am besten, man hört sich um, wer einen unkastrierten Kater hat, und bringt dann seine Katze dorthin.

Das alles gilt für Besitzer von Hauskatzen. Wer eine Edelkatze hat und mit ihr reinrassigen Nachwuchs züchten möchte, sieht sich noch vor ein paar zusätzliche Probleme gestellt.

Bei Edelkatzen sollte man, ist man in züchterischen Dingen noch nicht so bewandert, zuerst Rat bei einem Zuchtverband holen. Nicht jeder Siamkater paßt zu jeder Siamkatze. Man muß auf Farbe, Gebäude und Charakter achten. Welche Tiere zu-

sammenpassen, können Ihnen die Genetiker der jeweiligen Zuchtämter am besten sagen.
Lassen Sie sich auf jeden Fall das Deckkaterverzeichnis zuschicken, und wählen Sie als Anfänger nur einen Zuchtkater, der in Rasse und Farbschlag mit Ihrer Kätzin übereinstimmt. Haben Sie einen passenden Kater gefunden, fragen Sie beim Deckkaterhalter an, zu welchen Konditionen er den Kater zur Verfügung stellt.
Er wird sich in der Regel durch entsprechende Bescheinigungen nachweisen lassen, daß Ihre Kätzin gesund ist und alle notwendigen Impfungen erhalten hat. Die Deckgebühr beträgt etwa 300–600 DM.
Es gibt durchaus Katzenbesitzer, die mit ihrer rolligen Kätzin einige hundert Kilometer fahren, nur um den »richtigen« Kater decken zu lassen.
In diesem Zusammenhang sollte aber auch erwähnt werden, daß so manche Katze ihren eigenen Geschmack und auch ihren eigenen Dickschädel hat. Sie läßt sich nicht einfach von jedem Kater decken. Und ein Kater nimmt nicht gleich jede Katze an.
Etwas frustriert kommt deshalb oftmals ein Katzenbesitzer von einer weiten Reise ohne Deckerfolg nach Hause. Seine Katze hat ganz offensichtlich und eindeutig den ihr zugedachten Kater abgelehnt. Da hilft nur eines: Nächste Rolligkeit abwarten und es nochmals probieren, vielleicht ist die Dame diesmal gnädig, oder aber gleich einen anderen Partner auswählen! Das Gesagte trifft natürlich auch zu, wenn der Kater entschieden hat, daß diese Dame nicht zu ihm paßt.

Die Katzenhochzeit

Haben Sie einen passenden Partner gefunden, sollten Sie die Katze am dritten Tag der Rolligkeit zum Kater bringen. Besitzer von Zuchtkatern sind auf solche Besuche eingestellt. Schwieriger ist es, wenn Sie die Katze zu Bekannten bringen, die einen unkastrierten Hauskater haben. Eine Katzenhochzeit ist nämlich mit einigem Lärm und einer nicht zu unterschätzenden Geruchsbelästigung durch den markierenden Kater verbunden. Am besten sperrt man beide Tiere in ein weitgehend leergeräumtes Zimmer, das später problemlos gereinigt werden kann.
Lassen Sie den Katzen Zeit, sich aneinander zu gewöhnen. Stellt man die Katze im noch verschlossenen Transportkorb zum Kater ins Zimmer, dann verläuft das erste Kennenlernen ohne Rauferei. Erst wenn die Katze die Annäherungsversuche des Katers nicht mehr ablehnt, sollten Sie den Korb öffnen.
Als Einleitung zum Deckakt packt der Kater die Katze mit einem recht energischen Biß am Nackenfell und – wenn der Biß sitzt – besteigt dann die Katze. Anschließend muß er sich mit einem schnellen Sprung in Sicherheit bringen,

will er nicht ein paar saftige Backpfeifen von der Katze beziehen.
Es ist gut, wenn die Katze etwa drei Tage beim Kater bleiben kann, damit die Möglichkeit der Befruchtung möglichst groß ist. Denn nach erfolgreichem Decken klingt die Rolligkeit nicht sofort ab.

Bei Katzen wird der Eisprung übrigens vom Deckakt ausgelöst, so daß es durchaus passieren kann, daß Kinder eines Wurfes verschiedene Väter haben, wenn die Katze mehrere Freier erhört und eine nochmalige Befruchtung stattfindet. Bei den in solchen Fällen geborenen, oft ungleich großen Jungen ist es schwierig, den Vater exakt zu bestimmen. Es kann passieren, daß Babys aus einer solchen Doppeldeckung erst 20–40 Stunden später als Nachzügler geboren werden. Diese Jungen haben leider selten eine Überlebenschance.

Beim Deckakt steigt der Kater über die am Boden kauernde Katze und beißt sie recht unsanft ins Nackenfell. Erst dann beginnt die eigentliche Paarung.

Sterilisation und Kastration

Jeder Katzenbesitzer muß sich früher oder später die Frage stellen, wie unerwünschter Nachwuchs zu verhindern ist. Normalerweise können Katzen bis ins hohe Alter Junge bekommen. Züchtet man jedoch mit ihnen, sollte man eine Katze, ist sie einmal acht Jahre alt, nicht mehr decken lassen.

Sterilisation und Kastration.
Beim Kater (linke Abbildung) werden entweder die Samenstränge unterbrochen (Sterilisation) oder beide Hoden entfernt (Kastration). Bei der Katze (rechte Abbildung) durchtrennt man entweder die Eileiter (Sterilisation) oder entfernt beide Eierstöcke (Kastration).

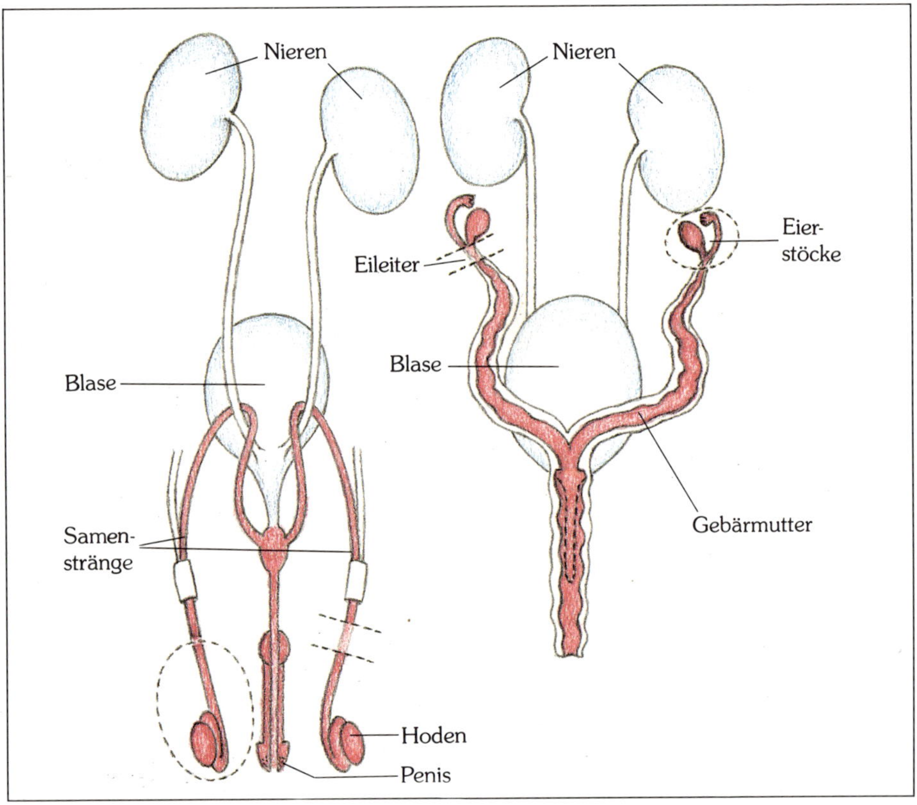

Auch wenn eine Katze schwer Junge bekommen kann – was aber relativ selten ist – oder wenn man beobachtet, daß sie auch das zweite und dritte Mal eine sehr schlechte Mutter ist und sich nicht oder nur wenig um ihre Kinder kümmert, sollte man diese Katze nicht mehr decken lassen.

Will man dagegen nur eine Zeitlang mit dem Züchten aufhören und wird die Rolligkeit absolut unerträglich, so kann man der Katze entweder Hormonspritzen verabreichen lassen oder ihr »die Pille« für die Katze (nie die eigene!) geben. Man muß nur wissen, daß diese Hormongabe in den Hormonhaushalt des Tieres eingreift, und natürlich den Tierarzt befragen.

Alle Tierärzte sind auf Kastrationen von Katzen und Katern eingerichtet, die stets unter Narkose durchgeführt wird.

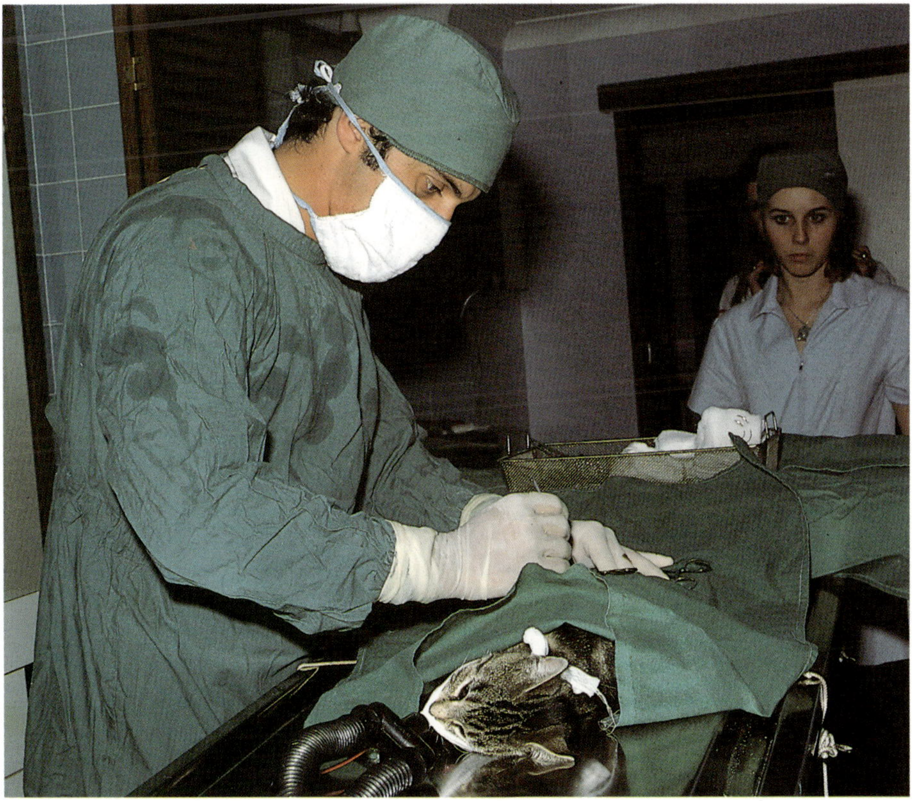

Als endgültige Lösung ist es sicherlich am besten, sein Tier kastrieren zu lassen. An dieser Stelle möchte ich kurz auf den Unterschied zwischen Kastration und Sterilisation eingehen. Irrtümlicherweise wird häufig immer noch geglaubt, kastriert werde nur das männliche Tier, sterilisiert nur das weibliche. Aber sowohl die Katze als auch der Kater können sterilisiert und kastriert werden.

Beim Sterilisieren werden nur die beiden Eileiter beziehungsweise die beiden Samenstränge durchtrennt und/oder verödet. Dieser Eingriff hat keinen Einfluß auf den Geschlechtstrieb, sondern nur auf die Fruchtbarkeit.

Sterilisiert man einen Hauskater nur, so markiert er trotzdem weiter die ganze Wohnung, prügelt sich draußen mit seinen Rivalen und deckt als Sieger die Katze – nur eben ohne die Eier befruchten zu können.

Bei weiblichen Katzen kann die Sterilisation zu Dauerrolligkeiten führen, das heißt, die Katzen müssen früher oder später doch kastriert werden. Manche Tierärzte sehen es sogar als einen Kunstfehler und außerdem als eine Quälerei für die Katze an, wenn diese nur sterilisiert wird. Beim Kastrieren werden dagegen bei Katern beide Hoden und bei Katzen die Eierstöcke und meist auch ein Teil der Gebärmutter entfernt. Diese Operation wird beim Tierarzt unter Vollnarkose ausgeführt, und die Katzen überstehen diesen Eingriff in der Regel komplikationslos.

Deshalb ist schon der eigenen Nase zuliebe anzuraten, einen Kater auf jeden Fall kastrieren zu lassen. Der Geschlechtstrieb hört dadurch auf und mit ihm auch das unangenehme Markensetzen, das heißt das Verspritzen von Urin an markanten Ecken des Katerreviers. Wartet man mit dem Kastrieren aber zu lange, kann es passieren, daß sich dieses Verhalten schon so tief eingegraben hat, daß das Markieren trotzdem beibehalten wird. Am besten läßt man seinen Kater nach dem Eintreten der Geschlechtsreife etwa im Alter von zehn Monaten kastrieren. (Individuelle Schwankungen sind hier möglich.) Kastrierte Kater schließen sich auch viel enger an den Menschen an und neigen weit weniger zum Streunen.

Bei Katzen ist nach diesem Eingriff mit der Rolligkeit ein für allemal Schluß. Und den Tieren »geht nichts ab«, im Gegenteil, kastrierte Katzen leben meist länger und auf jeden Fall zufriedener mit den Menschen zusammen.

Unsere Katze ist trächtig

Verlauf der Trächtigkeit

Die Katze hat also aufgenommen und ist trächtig. Im allgemeinen dauert die Trächtigkeit 63 bis 65 Tage, also neun Wochen. Sie kann aber auch, besonders bei Edelkatzen, etwas länger sein. Ist bis zum 68. Tag noch nichts passiert, sollten Sie vorsichtshalber den Tierarzt informieren und ihn über den Gesundheitszustand der Kätzin, ihr Verhalten, ihre Körpertemperatur usw. berichten. Ist die Kätzin munter, besteht vor dem 70. Tag aber meist keine Notwendigkeit für den Tierarzt einzugreifen.

Die Feten entwickeln sich bei Katzen meistens prächtig. Nur sehr selten kommt es zu Komplikationen, wie zu einem Abgang

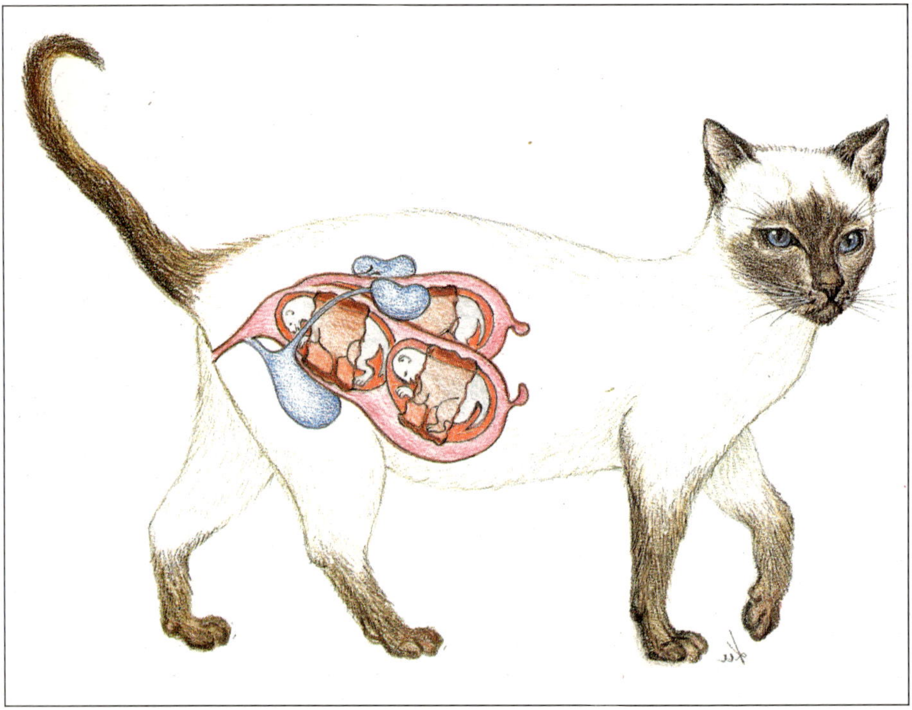

So etwa sieht es im Inneren einer trächtigen Katze aus. Jedes Junge schwimmt in einer eigenen Fruchtblase und wird von einer Plazenta mit Nährstoffen versorgt.

oder auch zu Blutungen. Übelriechende Ausflüsse sind immer ein Alarmsignal! In diesen Fällen muß man sofort zum Tierarzt gehen und nach den Ursachen forschen. Ist die Katze vielleicht abgestürzt, oder sind Bakterien und Viren schuld? Dies zu klären ist vor allem für eine nächste Trächtigkeit von Bedeutung.
Ist man nicht sicher, ob die Katze tatsächlich aufgenommen hat, muß man sich etwas gedulden. In den ersten drei Wochen merkt man gewöhnlich nichts von der Trächtigkeit, und auch der Tierarzt kann in der Regel nicht weiterhelfen.
Erst etwa ab der dritten Woche kann man sehen, daß die Zitzen gut durchblutet und deshalb kräftig rosarot werden. Auch die Haare um die Zitzen gehen durch das Größerwerden der Gesäugewarzen leicht zurück. So etwa 28 bis 35 Tage nach dem Decktermin kann der Tierarzt bei einer nicht zu fetten Katze Veränderungen im Bauchraum bemerken und dann die Diagnose »trächtig« stellen. Die Jungen sind zu diesem Zeitpunkt so groß wie eine Kirsche und lassen sich von einem Fachmann gut ertasten. Aber Vorsicht! Durch unfachmännisches Befühlen der Früchte wurde bei einer trächtigen Katze schon manchmal ein Abgang provoziert.
Im allgemeinen bringen Hauskatzen vier bis acht Junge zur Welt, Edelkatzen meist drei bis fünf. Abweichungen nach oben wie nach unten kommen aber oft vor. Ob es viele oder wenige Kätzchen werden, läßt sich häufig am Appetit der Katzenmutter und an ihrem Bauchumfang ablesen. Erste Bewegungen der Katzenkinder sind durch die Bauchdecke der Katze ab dem 50. Tag spürbar.

Mögliche Komplikationen

In der Zeit der Trächtigkeit sollte man der Katze möglichst keine Medikamente geben. Auch mit Desinfektionsmitteln in der Wohnung, die zu Vergiftungserscheinungen führen können, sollte man sehr behutsam umgehen, am besten, man verzichtet in dieser Zeit ganz darauf. Alle Chemikalien können die Feten schädigen und zu Mißbildungen führen.
Wenn die Katze ohne Impfschutz ist, kann sie zu Beginn der Trächtigkeit mit einem inaktivierten Impfstoff geimpft werden. Besser ist es jedoch sie zu impfen, bevor man ins Auge faßt, sie decken zu lassen. Innere und äußere Parasiten sind vor der Trächtigkeit zu bekämpfen. Es gibt Katzen, die kurz vor dem Geburtstermin Probleme mit ihrer Verdauung bekommen. Der tägliche Gang aufs Kistchen wird mühsam, und oft muß eine Verstopfung (durch den Tierarzt) mit einem Mini-Klistier behoben werden.
Wenn man weiß, daß eine Katze zu Verstopfungen neigt, sollte man ihr vorbeugend etwas fettere Nahrung geben. So haben fettes Rindfleisch, ein unter das Futter gemischter Teelöffel Paraffin- oder Salatöl sowie Milch oder Sahne leicht abführende Wirkung. Nicht zu vergessen ist auch fetter Fisch wie Ölsardinen oder Thunfisch.
Eines sollte noch Erwähnung finden. Es gibt in seltenen Fällen das Phänomen der Fruchtresorption oder von Frühgeburten. Liegt keine hormonelle Fehlsteuerung vor, ist die Ursache meist ein Unfall, Schock oder Sturz. Bei dieser Fruchtresorption werden die Feten im Mutterleib

vom Organismus aufgesogen. Die Katze wird dann eine Weile später wieder rollig, so daß der Katzenbesitzer glaubt, die Katze hätte nicht aufgenommen, sei also gar nicht trächtig gewesen.
Kommt es vor dem errechneten Geburtstermin zu »Wehen« oder zum Abort, kann dies zu Komplikationen führen. Das Muttertier kann sich beispielsweise durch einen nicht abgegangenen Fetus oder Mutterkuchen innerlich vergiften. Unachtsame Besitzer bemerken dies oft zu spät! In diesen Fällen gibt es keine Hilfe mehr für die Mutterkatze. Bei dem geringsten Verdacht auf derartige Komplikationen müssen Sie deshalb auf jeden Fall sofort den Tierarzt aufsuchen.

Die richtige Ernährung

Die richtige Ernährung der trächtigen Katze ist nicht so schwierig. Die ersten zwei bis drei Wochen muß nichts weiter beachtet werden. Die Katze lebt wie bisher, sie darf auch ins Freie, wenn sie daran gewöhnt ist. Man kann ruhig mit ihr spielen. Die Mahlzeiten verändern sich nicht. Nach und nach aber wird der Hunger der Katze größer, und gegen Ende der Trächtigkeit frißt sie, je nachdem wie viele Junge sie im Bauch mitfüttern muß, fast das Doppelte ihrer gewohnten Portion. Mehr als das Doppelte der üblichen Portion sollten Sie allerdings nicht anbieten, damit die Katze nicht fett wird.
Wichtiger als die Quantität ist in dieser Zeit auf jeden Fall die Qualität der Nahrung. Sorgen Sie dafür, daß Ihre Katze viel hochwertiges Eiweiß wie Quark, Fleisch und Fisch bekommt. Das handelsübliche Dosenfutter eignet sich auch zur Ernährung einer trächtigen Katze, wenn es durch Frischkost ergänzt wird.

Der Bauch einer trächtigen Katze wächst nur langsam – vorausgesetzt, sie wird nicht zu üppig gefüttert.

Um den erhöhten Vitamin- und Mineralstoffbedarf zu decken, sollten Sie das Futter zusätzlich mit entsprechenden Präparaten anreichern.
Trockenfutter sollte während der Trächtigkeit (und auch während der Stillzeit) nicht als Mahlzeit, sondern nur als gelegentlicher Leckerbissen gegeben werden. Zwar vertragen und mögen die meisten Katzen Trockenfutter, aber während einer Trächtigkeit hat die Mutterkatze einen erhöhten Flüssigkeitsbedarf und es kann sein, wenn sie von sich aus nicht genügend trinkt, daß zuviel Trockenfutter zu Schwierigkeiten beim Absetzen von Kot führt.
Da gegen Ende der Trächtigkeit der Magen- und Darmtrakt der Mutter durch die sich entwickelnden Feten zusammengedrückt wird, ist es günstiger, das Futter auf drei bis vier kleine Mahlzeiten zu verteilen.

Auslauf und Bewegung

Auf ihren gewohnten Auslauf braucht die trächtige Katze nicht zu verzichten.

Katzen müssen sich nicht schonen und sollen sogar in ihrer gewohnten Weise spielen und toben. Wenn sie normaler-

weise ins Freie dürfen, dann sollen sie das auch weiterhin tun. Nur in den letzten 14 Tagen vor der Geburt sollte man darauf achten, daß sie keine großen Sprünge mehr machen. Auch muß man dafür sorgen, daß sie keine allzu weiten Spaziergänge mehr unternehmen oder nächtelang draußen sind.
Falls Ihre Kätzin einen eher losen Kontakt zu Ihnen hat, sollten Sie sie vorsichtshalber die letzten 14 Tage zu Hause einsperren. Sie könnte sich sonst, einem Naturinstinkt folgend, draußen im Garten ein Nest suchen, um dort ihre Jungen zu bekommen. Dabei besteht die Gefahr, daß man die Katze während der Geburt nicht betreuen und im Notfall auch nicht eingreifen kann. Auch die Jungen könnten – in der kalten Jahreszeit – aus- oder unterkühlen, so daß nur ein Teil des Wurfes am Leben bliebe. Besonders vorsichtige Katzenbesitzer halten deshalb ihre Katze etwa 14 Tage vor dem errechneten Wurftermin in der Wohnung oder im Haus.

Tierarztbesuch ja oder nein?

Der Besuch beim Tierarzt ist bei einer trächtigen Katze eigentlich nur im Krankheitsfall erforderlich. Bei einem normalen Verlauf der Trächtigkeit kann man der Katze die Aufregung des Tierarztbesuches ersparen. Ist es für den Besitzer und die Katze aber der erste Wurf, ist es allerdings für viele eine Beruhigung, die Katze dem Tierarzt vorzustellen, um sich den normalen Verlauf der Trächtigkeit bestätigen zu lassen.

Auf jeden Fall muß der Tierarzt über die bevorstehende Geburt informiert werden, und Sie sollten seine Telefonnummer griffbereit haben, um ihn bei eventuellen Komplikationen sofort erreichen zu können. Daß eventuelle Anomalien – wie Blutungen oder übelriechender Ausfluß – während der Trächtigkeit in die sofortige Behandlung des Tierarztes gehören, ist selbstverständlich.

Der große Moment

Vorbereitungen auf die Geburt

Wenn der errechnete Geburtstermin näher rückt, sollte man einige Vorbereitungen treffen.
Viele Katzen ändern meist schon 12–14 Tage vor dem Geburtstermin ihr gewohntes Verhalten etwas. Sie werden unruhig und sind auf der Suche nach einem geeigneten Nest. In dieser Zeit empfiehlt es sich, die Türen zu den Zimmern, zu denen die Katze auch sonst keinen Zutritt hat, besonders gut verschlossen zu halten. Auch Schränke und Schubladen dienen, paßt man nicht auf, gerne als Wochenbett. Wie bereits erwähnt, ist es meist besser, die Katze in dieser Zeit nicht mehr ins Freie zu lassen, damit sie nicht auf »dumme Gedanken« kommt und ihre Babys vielleicht in einem Holzstapel oder einem Schuppen unterbringen und verstecken will.
Jetzt ist es an der Zeit, der Katze eine sogenannte Wurfkiste anzubieten. Als Wurfkiste eignet sich jeder ausreichend große Korb oder Karton. Ausreichend heißt, daß die Katzenmutter (mit ihren Jungen) ausgestreckt darin Platz findet. Ein stabiler Karton ist geradezu ideal, da er bequem von oben eingreifbar ist, was unter Umständen bei der Geburt erforderlich wird. Außerdem kann man eine »katzengerechte« Öffnung hereinschneiden, die einen ausreichend hohen Rand hat, so daß die zunächst noch tapsigen, blinden Kleinen nicht herausfallen können. Gegen zu starken Lichteinfall, der die Kleinen anfangs stört, stülpt man am besten einen zweiten, festen Karton – ebenfalls mit Einschlupfloch versehen – über das Wochenbett. Während der Geburt läßt er sich leicht abheben. Mit dieser Kiste sollte man die Katze vor dem Geburtstermin vertraut machen.
Junge Katzen, die noch keine Erfahrung haben, überlegen es sich oft lange, ob sie diese Kiste auch wirklich annehmen sollen. Ältere Katzen, die schon einige Würfe großgezogen haben, kennen den »Vorteil« einer solchen Kiste und nehmen sie meist sofort wieder an.
Da die jungen Kätzchen noch keine so perfekte Wärmeregulation ihrer Körpertemperatur besitzen wie ausgewachsene Katzen, sind sie auf Wärme von außen angewiesen. Deshalb empfiehlt es sich, die Wohnung oder wenigstens den Raum, in dem die Wurfkiste untergebracht ist, auf etwa 21–23° C zu heizen und die Temperatur in diesem Raum konstant zu halten. Der Platz für die Wurfkiste muß sehr genau ausgesucht werden. Am besten ist es, man stellt das Kistchen probehalber an den verschiedenen Lieblingsplätzen der Katze auf. Man merkt dann sehr schnell, welche Ecke sie bevorzugt. Wenn eine sehr nahe und gute Beziehung zum Katzenhalter besteht, ist es gut, wenn die Kiste in seiner Nähe steht, damit sich die Katze nicht ausgeschlossen fühlt.
Sehr wichtig ist eine schöne, weiche Auspolsterung der Wurfkiste, in die sich die Katze kuscheln kann. Am besten nehmen Sie ausrangierte, halbierte Bettlaken oder Babywickeltücher, die man nach der Geburt leicht wechseln und auskochen

kann. Aber keine langschlingigen Frotteehandtücher, da sich in den Schlingen die nadelspitzen Krallen der Kleinen leicht verfangen können.

Für die Geburt selbst sollten Sie bereitlegen:

- ein Frotteehandtuch, um die Kleinen zur Not selbst trockenreiben zu können,
- Papiertaschentücher, um eventuell die Näschen der Babys zu säubern,
- Klemmen zum Abklemmen der Nabelschnur (beim Tierarzt besorgen),
- Heizkissen oder Wärmflasche,
- eine Pipette (Apotheke),
- etwas zimmerwarme Vaseline,
- eine desinfizierte, kleine Verbandschere zum Durchschneiden der Nabelschnur,
- Katzenbabynahrung (Trockenmilch) und zwei bis drei entsprechende Fläschchen (gibt es im Zoofachgeschäft).

All diese Dinge brauchen Sie zwar nur, wenn Komplikationen auftreten, aber natürlich müssen sie dann griffbereit sein!

Die Wurfkiste sollte so groß sein, daß die Katze bequem darin liegen und sich während der Geburt mit den Beinen an den Wänden abstützen kann.

Auf jeden Fall benötigen Sie:
- alte, halbierte Bettlaken oder Babywickeltücher, um die Wurfkiste nach der Geburt frisch auszupolstern,
- eine Waage mit Grammeinteilung (zum Beispiel eine Digitalküchenwaage), um die Kleinen nach der Geburt zu wiegen,
- Zettel und Stift, um den Verlauf der Geburt zu protokollieren,
- die Telefonnummer des Tierarztes.

Bei Langhaarkatzen ist es kurz vor der Geburt empfehlenswert, die Haare um die Zitzen und um die Anal- und Genitalregion vorsichtig zu kürzen, damit die Kleinen besser an die Milchquelle kommen und sich die Katze bei der Geburt nicht beschmutzt.

Kurz vor der Geburt »senkt« sich der Bauch der Katze. Einem erfahrenen Katzenbesitzer fällt dies natürlich sofort auf. »Anfänger« müssen noch lernen, das zu sehen und zu beobachten. Der pralle Leib mit den bisher »hochgetragenen« Embryonen wird weich.

Ein weiteres Kriterium, das den nahestehenden Geburtstermin ankündigt, ist die Körpertemperatur der Katze. Sie beträgt 38–38,5° C. Fällt die Temperatur in etwa um ein Grad, kann man davon ausgehen, daß die Geburt der Jungen in Kürze, das heißt in einem halben oder einem Tag, vor sich gehen wird. Auch anhand der Zitzen merkt man, daß die Geburt nicht mehr lange auf sich warten läßt. Die Drüsen schwellen stark an, werden prall, und die Milchproduktion beginnt. Beim vorsichtigen Betasten zeigen sich bereits kleine Milchtröpfchen. Aufmerksame Katzenbesitzer können manchmal schon ein bis zwei Tage vor der Geburt einen leichten Ausfluß bei ihrem Tier bemerken. Meist ist er durchsichtig bis leicht rötlich und verstärkt sich, je näher der Zeitpunkt der Geburt rückt.

Die Wehen setzen ein

Wenn die Geburt beginnt und die Wehen einsetzen, atmet die Katze schneller als sonst. In manchen Fällen hechelt sie auch. Sie atmet von Zeit zu Zeit durch das Maul, manchmal schnurrt sie sogar. In dieser Zeit sollte man die Katze in Ruhe lassen und nicht ständig nach ihr sehen. Das mögen die Tiere nicht. Fühlen Katzen sich gestört, versuchen sie oft, sich ein neues, ruhiges Plätzchen zu suchen. Die Geburt kann sich dadurch verzögern.

Diese Phase der Eröffnungswehen kann manchmal sehr lange dauern, oft geht sie über Stunden. Hier muß man sich aber in Geduld üben und darf nicht gleich die Nerven verlieren.

Das Verhalten der Katzen kurz vor der Geburt ist individuell recht verschieden. Manche Katzen liegen, andere stehen zwischendurch auf. Einige nehmen noch etwas Nahrung zu sich oder etwas Wasser, andere wollen nur Ruhe haben.

Behagt der Katze der Wurfplatz nicht, passiert es oft, daß – auch wenn man nur einen kurzen Moment den Raum verlassen hatte – die Katze verschwunden ist, obwohl sie sich bereits in der ersten Geburtsphase befindet. Kurzentschlossen hat sie sich ein anderes Nest auserkoren und will nun dort bleiben. Findet dieser Wohnungstausch unmittelbar vor der Geburt statt, ist es sicherlich besser, die Katze nicht mehr zu stören. Wichtig ist nur, daß es wirklich schön warm und somit die Gefahr der Unterkühlung ausgeschlossen ist, und daß man selbst bei eventueller Hilfeleistung neben der Kiste genügend Platz hat.

Die Geburt

Wenn die eigentlichen Austreibungswehen beginnen, zieht sich der Bauch, die Bauchmuskulatur der Katze zusammen. Dies geschieht zuerst in größeren (oft stündlichen) Abständen, die immer schneller aufeinanderfolgen.
Kurz vor dem »Erscheinen« des ersten Katzenbabys in der Scheide erfolgen die Wehen fast jede halbe Minute, wobei man der Kätzin auch deutlich die Schmerzen anmerkt. Sie schaut zu ihrem Bauch, leckt sich die Scheide, dann atmet sie wieder heftig. Viele Katzen mögen es, wenn man jetzt mit ihnen redet, ihren Bauch oder den Körper ganz vorsichtig streichelt und immer wieder beruhigende Worte spricht.
Die eigentliche Geburt beginnt mit dem Austritt von mehr oder weniger Fruchtwasser, das bereits eine halbe bis eine Stunde vor der Geburt des ersten Babys ausfließen kann. Dadurch werden die Geburtswege geschmeidig, weswegen Geburten, bei denen nur wenig Fruchtwasser vorhanden ist, problematisch werden können.
Normalerweise erscheint aber, nach dem Abgang des Fruchtwassers, mit den nächsten Wehen auch schon das erste Junge, das in die sogenannte Frucht- oder Eihülle verpackt ist.
Die Mutterkatze wird, ist ihr erstes Junge da, mit dem Lecken des Kindes beginnen und so die Fruchthülle öffnen. Nun beginnt die Kätzin, Körper und Kopf des Welpen zu lecken, und setzt so dessen Atmung und Blutzirkulation in Gang. Gleich darauf piepst das Junge und bewegt sich.
Kurz nach dem Welpen erscheint die Nachgeburt. Darunter versteht man den Mutterkuchen, die Plazenta, die während der Trächtigkeit der Versorgung der Jungen diente. Die Plazenta wird meistens von der Kätzin – einem Urinstinkt folgend – sofort gefressen.
Besonders bei unerfahrenen Kätzinnen tut man gut daran, dabei mit der Hand den Nabel und damit auch die hauchdünne Haut des Babybauches zu schützen. Beim Fressen der Plazenta kommt die Mutter automatisch zur Nabelschnur, die sie 3 bis

4 cm vor der Bauchdecke durchbeißt. Unerfahrene Katzen tun des Guten manchmal zuviel und fressen die gesamte Nabelschnur ab und eventuell sogar ihr Junges an, wenn man sie nicht auf die beschriebene Art und Weise daran hindert.

Das Fressen der Nachgeburt ist übrigens ein Verhalten, das man auch bei vielen anderen Tierarten findet und dazu dient, beutesuchende Raubtiere nicht auf die Spur der Kinderstube zu bringen.

Der Katzenbesitzer muß jetzt gut aufpassen, und bei den nächsten Jungen die Nachgeburten mitzählen. Frißt die Katze die Nachgeburt nicht, ist das Zählen einfach. Zu jedem Kätzchen muß auch eine Nachgeburt vorhanden sein, die in einem solchen Fall natürlich vom Geburtshelfer entfernt wird. Bei Zwillingen allerdings, die zusammen von einer Plazenta versorgt werden, gibt es nur eine Nachgeburt. Zwillinge liegen in einer einzigen Frucht-

Die Katzengeburt: Das Junge kommt noch von der Fruchthülle umschlossen aus der Scheide. Diese Hülle beißt die Mutter durch und leckt es trocken.

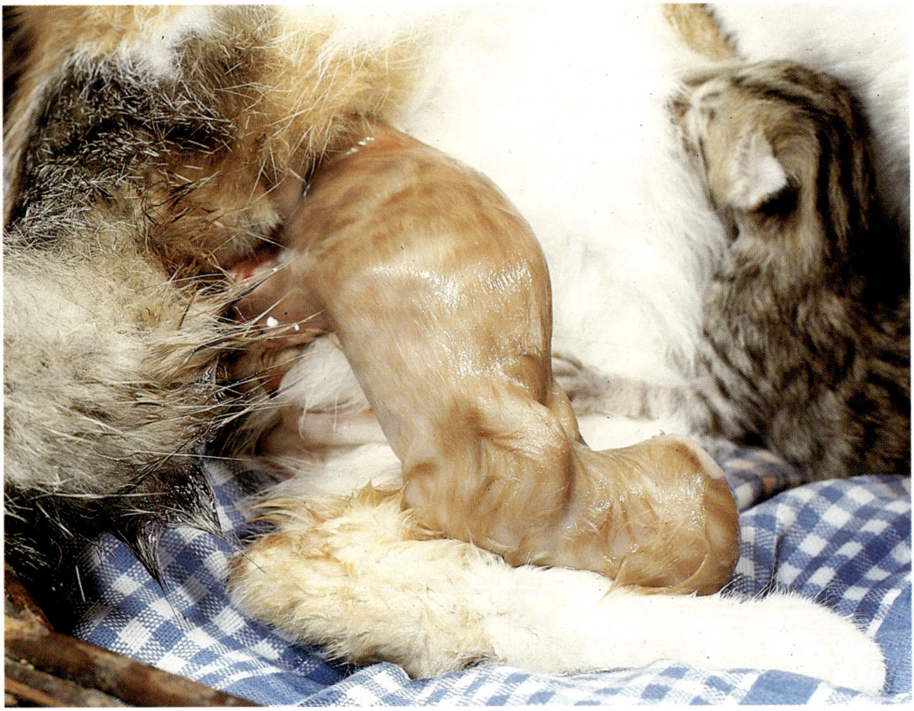

Die kurz nach der Geburt eines jeden Jungen erscheinende Nachgeburt frißt die Katze in der Regel sofort auf. Ganz wichtig ist, daß alle Nachgeburten – also pro Junges eine – auch wirklich abgestoßen werden.

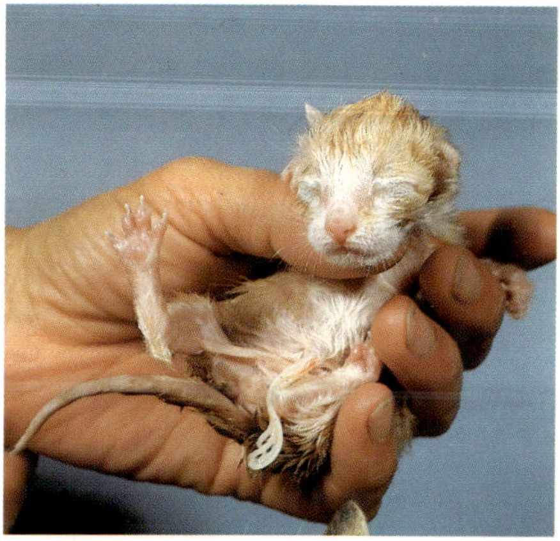

Neugeborene Katzen sind noch blind und taub. Deutlich ist zu sehen, daß die Krallen noch nicht eingezogen werden können. Das überstehende Stück Nabelschnur trocknet ein und fällt nach einer Weile von selbst ab.

blase und sind so als solche leicht zu identifizieren. Im allgemeinen kann man aber sagen: Die Zahl der Jungen entspricht der Zahl der Nachgeburten.
Alle zehn bis dreißig Minuten kommt im Laufe der Geburt ein kleines Kätzchen zur Welt: einmal in Steißlage – da braucht die Kätzin natürlich zum Austreiben etwas länger –, einmal kommen die Hinterbeinchen, einmal die Vorderbeinchen und ein anderes Mal der Kopf zuerst. Alle Kinder werden von der Mutter von der Fruchthülle befreit, trockengelegt und abgenabelt. Ein junges Kätzchen wiegt, je nachdem wie groß der Wurf ist, etwa 70 – 110 g bei der Geburt.

Es kann aber auch durchaus zu einer sogenannten Wehenpause kommen. Dabei setzt die Kätzin oft bis zu zwei Stunden mit den Wehen aus, um dann noch das letzte oder die letzten beiden Jungen zur Welt zu bringen. Es besteht aber auch hier kein Grund zur Beunruhigung! Manche Kätzinnen bringen einen Nachzügler manchmal erst im Abstand von einem ganzen Tag zur Welt, und dieses Katzenbaby ist dann trotzdem gesund und munter. Wundern Sie sich also nicht, wenn Sie einmal statt der ursprünglich drei Jungen am nächsten Tag plötzlich vier vorfinden!
Manchmal hilft es der Katze – ist die Geburt sehr anstrengend – wenn sie sich

Eine stolze Mutter beim Säugen ihrer vier Jungen.

gut mit ihren Beinen abstützen kann. (Entweder hat die Wurfkiste eine geeignete Größe, oder aber man hält seine Hand den Beinen der Katze zum Abstützen entgegen.)
Beim normalen Verlauf einer Katzengeburt brauchen Sie also überhaupt nicht einzugreifen, die Katze erledigt alles Notwendige viel besser und geschickter als Sie es könnten. Stören Sie Ihre Katze also nicht unnötig, denn sonst kann es vorkommen, daß sie noch während der Geburt den Wurfplatz verlassen will, um an einer anderen Stelle ungestört zu sein. Welche Komplikationen Ihr Eingreifen notwendig machen, wird im nächsten Abschnitt erläutert.

Mögliche Komplikationen

Manchmal zeigt die Katze keine Neigungen, die gerade geborenen Jungen weiter zu versorgen. Dann muß man helfend eingreifen.
Macht die Mutter nach etwa einer Minute noch keine Anstalten, die Fruchtblase zu öffnen, müssen Sie es selber machen, da sonst das Junge erstickt.
Zerreißen Sie die Fruchthülle vorsichtig mit den Fingern am Kopf des Jungen, und ziehen Sie die Haut ab. Das Näschen des Neugeborenen wird mit einem Papiertaschentuch vorsichtig gesäubert, damit es atmen kann. Anschließend wird das Kleine mit einem Handtuch ganz vorsichtig und sanft trockengerieben.
Die Nabelschnur massiert man sanft mit Daumen und Zeigefinger in Richtung des Bauches und drückt sie mit der Klemme ab. Ein etwa drei Zentimeter langes Stück läßt man stehen, wenn man die Nabelschnur mit der sauberen Schere durchschneidet. Die Klemme bleibt noch einen Moment sitzen, um die Schnittenden zusammenzudrücken, damit es keine Blutung gibt. Das stehengelassene Ende trocknet bald ein und fällt nach einigen Tagen von selbst ab.
Anschließend setzt man das Kätzchen an den Bauch und das Gesäuge der Mutter. Wenn aber die Kätzin ihre Jungen nicht annimmt und nicht saugen läßt, hilft nur eines: Die Jungen zusammen in eine Kiste setzen, damit sie sich gegenseitig wärmen, und die Jungen auf eine mit einem Tuch umwickelte Wärmeflasche oder auf ein auf kleinste Stufe gestelltes Heizkissen legen. (Aber Vorsicht, nicht alle Heizkis-

sen lassen sich ausreichend regulieren, und dann kann es vorkommen, daß die Kleinen austrocknen oder sogar Verbrennungen erleiden.) Damit beginnt allerdings für den »glücklichen« Katzenbesitzer eine etwas aufreibende und schwere Zeit (siehe auch Seite 44).

Komplikationen vor und während der eigentlichen Geburtsphase sind bei Katzen relativ selten. Trotzdem sollte man sie kennen. Treten die nachfolgend aufgeführten Komplikationen auf, sollte unbedingt ein Tierarzt gerufen werden, denn in diesen Fällen ist es den meisten Katzenbesitzern nicht mehr möglich, ihrer Katze selbst zu helfen.

Hat die Kätzin schon mehrere Tage bis Wochen vor der Geburt blutigen Ausfluß, ist das für den Besitzer ein warnender Hinweis: Die Katze ist krank und bedarf der Hilfe. Auch wenn dieser Ausfluß, der kurz vor der Geburt ja normal ist, eine seltsame Farbe zeigt, leicht bräunlich oder grünlich ist und übel riecht, oder wenn es gar zu starken Blutungen kommt, dann darf keine Zeit verloren werden.

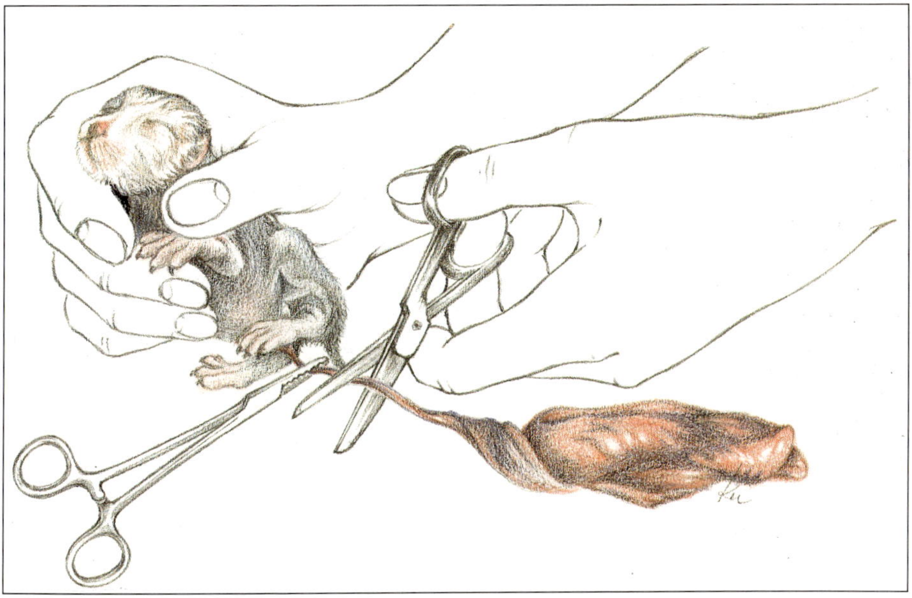

Beim Abnabeln setzt man die Klemme an die Nabelschnur und schneidet diese etwa 3–4 cm vom Bauch entfernt ab. Das stehengelassene Stück trocknet ein und fällt später ab. Nach etwa ¼ – ½ Stunde kann die Klemme gefahrlos entfernt werden.

Bleibt ein Baby im Geburtskanal stecken, so kann man ganz vorsichtig versuchen zu helfen. Aber weder an einem Beinchen noch am Schwänzchen ziehen! Versuchen Sie, Öl oder Vaseline mit dem Finger oder einer Pipette an oder in die Scheide zu wischen. Stützen Sie den Rükken der Kätzin, und versuchen Sie durch vorsichtiges Streichen mit der Hand, die Wehen rhythmisch zu unterstützen. Umfassen Sie das ganze Köpfchen oder den ganzen Hinterleib des Babys und versuchen Sie mit viel Gefühl, es bei der nächsten Wehe herauszuziehen. Aber wirklich ganz vorsichtig, denn die jungen Kätzchen sind noch so zart und zerbrechlich, daß man ihnen sehr schnell weh tun oder sie gar ernsthaft verletzen kann. Also auf keinen Fall Gewalt anwenden, denn sonst kann auch der Geburtskanal der Mutter verletzt werden.

Ist das Junge zu groß oder hat einen zu großen Kopf, dann ist auch mit einer leichten Hilfe nichts gewonnen. In diesem Fall sollte man zum Tierarzt gehen, der der Katze eventuell mit einem Kaiserschnitt helfen muß. Auch eine sogenannte Steißlage, bei der die Geburt über eine halbe Stunde lang nicht vorwärts geht, ist für Kätzin und Jungen bedrohlich.

Manche Kätzinnen haben sehr starke Wehen, oft auch in sehr kurzen Abständen, ohne jedoch ein Junges zur Welt bringen zu können. Meist handelt es sich auch in solchen Fällen um zu große Welpen oder um querliegende oder abgestorbene Kätzchen, die den Geburtskanal blockieren. Auch sie müssen dann durch einen Kaiserschnitt zur Welt gebracht werden.

Fühlt sich eine Katze schwach und erschöpft – was nichts mit einer Wehenpause zu tun hat und auch damit nicht verwechselt werden darf! –, kann das mehrere Ursachen haben. Sie kann einfach durch die Anstrengung so erschöpft sein, daß sie erst wieder aufgepäppelt werden muß; es kann sich aber bei einem solchen Zustand auch um eine hormonelle Störung handeln. Hier versucht der Tierarzt der Katze zunächst mit wehenfördernden Medikamenten zu helfen. Wenn diese nicht wirken, bleibt nur der Kaiserschnitt. In solchen Fällen muß man aber auch einmal an innere Verletzungen der Katze denken, die sie sich in der Zeit der Trächtigkeit oder auch während der Geburtsphase zugezogen haben kann. Aber auch länger zurückliegende Unfälle können sich negativ auf die Geburt auswirken, zum Beispiel ein Sturz aus dem Fenster, bei dem die Katze einen inneren Beckenbruch erlitten hatte. Während der Geburt denken die meisten Katzenbesitzer dann nicht mehr an den früheren Unfall ihrer Katze. Auch in solchen Fällen ist es wichtig, sofort den Tierarzt zu verständigen.

Wie bereits erwähnt, müssen die Nachgeburten komplett sein. Notieren Sie den Geburtsverlauf auf einen Zettel. Wichtig sind die Uhrzeiten, wann das erste, zweite usw. Baby und die dazugehörigen Nachgeburten geboren wurden. Im Komplikationsfall benötigt der Tierarzt dieses.

Bleibt eine Nachgeburt in der Gebärmutter, kann es zu bösen Infektionen kommen, an denen das Muttertier sogar sterben kann. Fehlt also eine Nachgeburt, sofort den Tierarzt verständigen, der die Katze untersucht, ihr Medikamente gibt und sie notfalls operiert.

Die ersten Stunden danach

Auch wenn es Mutter und Welpen gut geht, so ist die Katze nach der Geburt meist etwas erschöpft. In diesem Zustand gibt man ihr leicht verdauliche Kost und vor allem das, was sie gerne frißt. Das kann in kleine Stücke geschnittenes Putenfleisch sein oder auch ein Eigelb, das man unter das Lieblingsfutter mischt. Sehr festes Futter kann mit etwas kräftiger Fleischbrühe verdünnt werden und wird dadurch auch bekömmlicher.

Während die Katze frißt, kann man die Wurfkiste mit frischen Laken versehen. Falls Sie es nicht schon getan haben, müssen die Kleinen jetzt gewogen und muß ihr Geburtsgewicht notiert werden. Es sollte zwischen 70 und 110 g liegen. Auch die Bestimmung des Geschlechts ist – besonders für Besitzer von Rassekatzen – wichtig. Die Abbildung zeigt den zu diesem Zeitpunkt noch deutlich zu erkennenden Unterschied zwischen Kätzchen und Katerchen.

Das Geschlecht erkennt man am besten in der Gegenüberstellung. After und Geschlechtsöffnung liegen bei Katern weiter auseinander als bei Katzen.

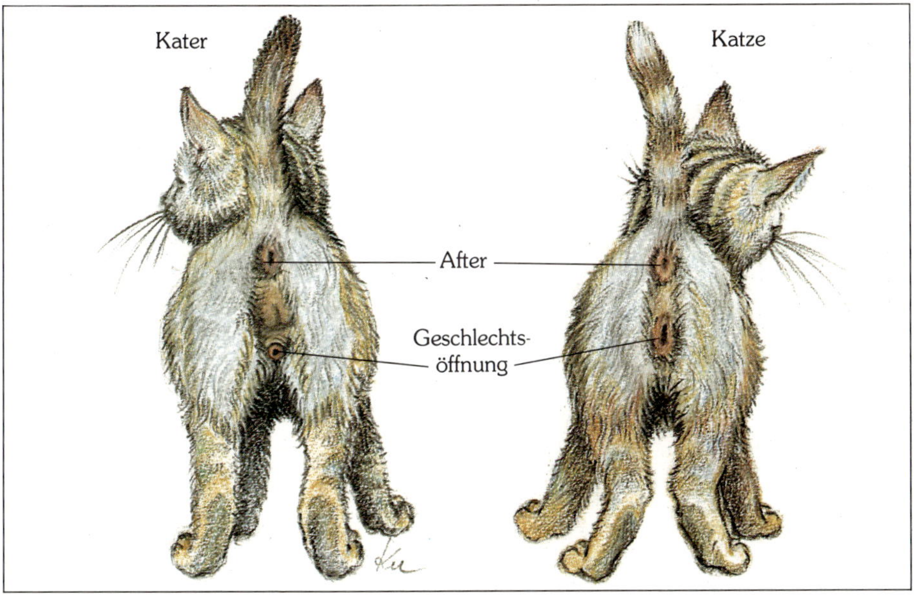

Auch wenn die kleinen Kätzchen in ihrer Wurfkiste mit ihrer Mutter zusammen zu nett aussehen und man sich am liebsten nicht von ihnen trennen möchte, sollte man doch so vernünftig sein, dem gesamten Wurf erst einmal Ruhe zu gönnen. Denn ständiges Nachsehen und Streicheln bedeutet für die Tiere Streß. Werden die Störungen zu massiv, kann es durchaus sein, daß die Katze ihre Kinder an einen anderen, ruhigeren Ort transportiert und Sie Mühe haben, die ganze Gesellschaft wiederzufinden.

Wenn die Kätzin dann zufrieden mit ihrem Wurf im Wurflager liegt, wird sie bald anfangen, den Kleinen gründlich den After zu putzen, um sie zur Abgabe des sogenannten Darmpechs, des ersten, ganz schwarzen Kots, zu veranlassen. Ist die Kätzin sehr geschwächt oder sind die Wel-

Zum Transport packt die Katze die Jungen an einer Hautfalte im Nacken. Die Jungen verfallen dann sofort in die sogenannte »Tragestarre«.

pen durch einen Kaiserschnitt zur Welt gekommen, müssen Sie ihr diese Aufgabe abnehmen und den Kleinen mit einem Tuch After und Bauch massieren.
Daß Sie die zerbrechlichen Kleinen, ob Sie sie nun wiegen oder aus irgendwelchen anderen Gründen hochnehmen müssen, nur ganz vorsichtig anfassen, versteht sich von selbst.
Kleine Kinder sind – auch wenn sie noch so guten Willen mitbringen – noch zu ungeschickt zum Umgang mit neugeborenen Katzen und dürfen sie zu diesem Zeitpunkt nicht in die Hand nehmen.
Rassekatzenbesitzer sollten übrigens nicht versäumen, den Wurf sofort beim zuständigen Zuchtverein anzumelden und registrieren zu lassen!

Kranke und nicht lebensfähige Junge

Haben Sie den Eindruck (oder die Gewißheit), daß unter den Kätzchen auch schwache, kranke oder, zum Beispiel wegen einer Mißbildung, nicht lebensfähige Junge sind, müssen Sie auf jeden Fall den Tierarzt verständigen. Nur er kann entscheiden, was zu tun ist, und die Kleinen, wenn nötig, schnell und schmerzlos einschläfern. Vom Tierschutzgesetz verboten ist die Selbsthilfe. Scheuen Sie also die Mühe und die geringen Kosten eines Tierarztbesuches nicht. Am besten warten Sie nicht lange und bringen die Jungen noch am gleichen Tage zum Tierarzt, dann merkt die Katze den Verlust am wenigsten.
Man sollte aber seiner Katze nie alle Jungen wegnehmen. Ein oder zwei muß sie behalten dürfen, sonst sucht sie oft tagelang nach ihren Kindern.

Katzenkinderstube

Die Ernährung der säugenden Katze

Säugende Katzenmütter haben einen hohen Energiebedarf, denn die Milchproduktion ist eine für den Körper sehr anstrengende Tätigkeit. In der Zeit, in der die Kätzin ihre Kleinen säugt, kann man sie eigentlich nicht überfüttern! Wenn die Mutter viele Jungen hat und entsprechend viel Milch geben muß, braucht sie unter Umständen drei- bis viermal soviel Nahrung wie vor der Trächtigkeit. Hochwertiges Eiweiß ist in dieser Zeit für die Katze besonders wichtig, und auch die Versorgung mit Vitaminen, Spurenelementen und Mineralstoffen muß gewährleistet sein.
Die Kätzin darf, solange sie ihre Jungen säugt, auf gar keinen Fall abnehmen! Das könnte sowohl Mutter als auch Kinder in Gefahr bringen!
Damit der Magen nicht überlastet wird, sollte sie drei- bis viermal täglich gefüttert werden, wobei das Futter nicht zu fest sein darf. Etwas kräftige Fleischbrühe unter das Futter gemischt, das mag eigentlich fast jede Katze!
Versuchsweise kann man der Katze Tatar, Rindfleisch, Herz, Leber (Vorsicht, rohe Leber kann zu Durchfall führen), weichgekochte Eier oder Eidotter, Haferflocken, Fisch, Quark, Hefe und auch etwas Lebertran geben.
Auch Milch kann die Katze bekommen, wenn sie es verträgt. Dosenmilch (auch verdünnt) wird in der Regel besser als Frischmilch vertragen.
Jeder, der Katzen hält, weiß, daß sie ausgesprochene Nahrungsvorlieben haben. Wenn sich eine Katze einmal für ein Futter entschieden hat, kommt es sehr häufig vor, daß sie stur bei dieser Wahl bleibt. Da hilft keine Überredungskunst! Ist sie an ein bestimmtes Dosenfutter gewöhnt, dann will sie eben nur dieses. Hat man seine Katze aber an frische Kost gewöhnt, so will sie keine andere Nahrung mehr annehmen.
Bei Dosenvollnahrung ist die ausgewogene Ernährung sicherlich kein Problem. In Dosenfutter (wenn es nicht zu alt ist) sind alle notwendigen Nahrungsbestandteile enthalten.

Säugende Katzenmütter haben einen hohen Energiebedarf und gesunde Katzenkinder einen gesegneten Appetit.

Stellt man das Futter selbst her und die Kätzin lehnt es ab, Gemüse, Haferflocken oder Weizenkleie zu fressen, müssen ihr die notwendigen Spurenelemente, Mineralstoffe und Vitamine durch Pulver, Pasten oder Tabletten, die dem besonderen Geschmack von Katzen entsprechen, zugeführt werden.

Die Entwicklung der Kätzchen

Katzen kommen mit festgeschlossenen Augen – also blind – auf die Welt. Zunächst sind die Kleinen noch recht hilflos. Die Beinchen sind viel zu schwach, das Körpergewicht zu tragen, und so bewegen sie sich eher »robbend« als laufend im Nest. Das Fell ist noch recht dünn, und so wärmen sich die Geschwister gegenseitig. Die erste Milch der Katzenmutter, das Kolostrum, ist besonders wichtig für die Kätzchen, denn sie enthält sehr viel Eiweiß und vor allen Dingen mütterliche Antikörper, die die Kätzchen in den ersten Wochen vor Infektionen schützen. Ein bis zwei Tage nach der Geburt können die im Kolostrum enthaltenen Antikörper durch die Darmschranke noch direkt ins Blut der Kleinen gelangen. Nach dieser Zeit ist der Darm »dichter« geworden und läßt nur noch kleinste, aufgeschlossene Nahrungspartikelchen passieren.

Hat die Kätzin keine Milch, fehlen den Babys diese Antikörper. Dann muß man den Tierarzt befragen, was vorbeugend

Katzen entwickeln sich schnell von hilflosen blinden Babys zu quirligen Kätzchen. Die Birmakätzchen auf der linken Abbildung sind zehn Tage alt, das rechte Bild zeigt ein Junges derselben Rasse im Alter von sechs Wochen.

In den ersten Wochen ist die Mutterkatze unermüdlich mit der Pflege der Kleinen beschäftigt.

gegen Infektionskrankheiten zu tun ist. Manchmal ist es leider notwendig, die Kätzchen schon früh zu impfen. Sie bekommen dann die Antikörper gespritzt, die ihnen fehlen.

Bereits kurz nach der Geburt beginnt der Kampf ums Überleben, der Kampf um die Zitzen der Mutter. Das Größte aus dem Wurf bekommt meist auch die größte und ergiebigste Zitze. Bei dem schwächsten Kätzchen kann es sogar passieren, daß man es auf der Suche nach seiner Milchquelle unterstützen muß. Im Notfall muß man sogar zufüttern. Diese »Rangordnung« der jungen Katzen bleibt während der gesamten Saugperiode erhalten.

Manche kleinen Kätzchen, die nicht richtig saugen wollen, haben häufig körperliche Mißbildungen. So kommen zum Beispiel immer wieder Gaumenspalten vor, die die Kleinen beim Trinken hindern. Solche Welpen sollte man von ihrem Leid schmerzlos befreien und einschläfern lassen.

Sind die Kleinen aber wohlauf, dann sollten sie täglich wenigstens zehn Gramm zunehmen, das heißt in acht bis zehn Tagen ihr Geburtsgewicht verdoppeln.

Wenn man den Kätzchen beim Saugen zusieht, fällt auf, daß sie immer wieder mit ihren Beinchen gegen den Bauch, gegen das Milchdrüsengewebe der Mutter treten. Dieser sogenannte Milchtritt regt bei der Katze den Milchfluß an. Die Mutter scheint es nicht zu stören, daß die Kleinen sie dabei mit ihren nadelspitzen Krallen pieken, die sie anfangs noch gar nicht einziehen können. (Deshalb ist es auch wichtig, daß die Wurfkiste nicht mit Material ausgepolstert wird, in dem sich die Krällchen verfangen können.)

Während die Welpen saugen – und auch noch kurze Zeit danach – leckt die Kätzin Bauch und Aftergegend der Jungen mit ihrer rauhen Zunge immer und immer wieder ab. Das Ablecken bewirkt, daß die Kleinen Blase und Darm entleeren können. Die Mutter leckt Kot und Urin auf, so daß die Katzenkinderstube immer sauber bleibt.

Anfangs ist das stehengebliebene Stück Nabelschnur noch als eingetrockneter Strang zu erkennen, der aber nach ein paar Tagen von alleine abfällt, ohne eine sichtbare Narbe zu hinterlassen.

Je nach Rasse öffnen die Kleinen zwischen dem fünften (zum Beispiel die Siamesen, sie sind Frühentwickler) und dem zehnten bis zwölften Tag ihre Augen. Manchmal dauert es dann noch zwei bis drei Tage, bis sie vollständig offen sind.

Diese kleine Perserkatze hat gerade ihre Augen geöffnet und macht die ersten Gehversuche.

Ihre endgültige Augenfarbe bekommen kleine Katzen erst nach der zehnten bis zwölften Woche. Zunächst sind sie babyblau.

Jede Katze schaut dann aus ihren typisch hellblauen Babyaugen in die Welt. Gelegentlich schiebt sich die Nickhaut, das dritte Augenlid, halb vor das Auge, was sich aber meist schnell wieder gibt. Vorsichtig muß man allerdings sein, wenn aus den Augen vermehrt Sekret fließt, wenn sie tränen, oder wenn sich gar Eiter gebildet hat. Dann muß man sofort zum Tierarzt. Diese Anzeichen deuten auf eine gefährliche Infektion hin, die im schlimmsten Fall das Augenlicht des Kätzchens schädigen oder zerstören kann.

Die hellblaue Augenfarbe kommt übrigens durch die zunächst noch sehr spärliche Pigmentierung der Regenbogenhaut zustande. Die Entwicklung der Augen ist noch nicht ganz abgeschlossen, und die Kleinen sehen deshalb auch noch nicht so gut. Ab der zehnten bis zwölften Woche bekommen die Kätzchen langsam ihre bleibende Augenfarbe.

Im Alter von 12–14 Tagen fangen auch die Milchzähne zu wachsen an und sind etwa bis zur dritten Woche voll durchgebrochen. In dieser Zeit entwickelt sich auch das Gehör. Blauäugige, weiße Katzen bleiben übrigens manchmal taub.

Ab der dritten Woche nehmen die jungen Katzen Anteil an ihrer Umwelt. Sie können schon selbst stehen und laufen und versuchen bereits ihre ersten, oft ungeschickten Katzensprünge. Sind die Katzenkinder ungefähr vier Wochen alt, muß zugefüttert werden, und die reine Säugezeit ist für die Kätzin überstanden. Bei großen Würfen oder in Fällen, wo die Mutter insgesamt zu wenig Milch hat, beginnt man entsprechend früher mit der Zufütterung (siehe auch Seite 49).

Junge Katzen sind Nesthocker, die in der ersten Zeit Ruhe brauchen. Sie sollten deshalb von uns Menschen nicht ständig gestört werden. Sonst kann es leicht pas-

Diese fünf Katzenbabys machen ihrer Mutter ganz schön zu schaffen.

sieren, daß die Mutterkatze ihre Jungen packt und mit ihnen in ein anderes Quartier umsiedelt. Sie macht dies instinktiv, um ihre schutzlosen Kinder vor Gefahren in Sicherheit zu bringen. Die Kleinen fallen – sobald die Mutter zupackt – automatisch in die sogenannte Tragestarre, das heißt sie halten ganz still. Trotzdem ist dieser Transport für die Mutterkatze nicht ganz einfach, und eine unerfahrene Katze kann schon einmal zu fest zubeißen.

Kaum jemand kann dem Charme eines Katzenkindes widerstehen. Trotzdem sollte man die Kleinen in den ersten Wochen weitgehend in Ruhe lassen.

weil die Katze es fallenließ oder zu fest zugepackt hat. Es ist also besser, wenn die Mutterkatze gar nicht erst anfängt, ihre Kinder umzuquartieren.
Gerade in der ersten Zeit, also fünf bis sechs Wochen nach der Geburt der Katzenwelpen, sollten Sie auch auf den Besuch von Katzenausstellungen – wenn sie mehrere Katzen haben – verzichten. Ich weiß aus eigener Erfahrung, daß eine Infektionskrankheit sehr schnell in einen Bestand eingeschleppt wird. Die Jungen werden krank, und oft kann man dann nicht mehr genau nachvollziehen, woher das Unglück eigentlich kam. Junge Katzen sind eben anfällig, und das sollte man berücksichtigen!

Die Aufzucht verwaister Katzenbabys

In seltenen Fällen kann es vorkommen, daß die Kätzin keine Milch hat oder daß sie, aus welchem Grund auch immer, zu Tode kommt. Dann heißt es, so schnell wie möglich handeln, denn jede Minute ist kostbar!
Das beste für die Kleinen und natürlich auch für den betroffenen Katzenhalter ist es, wenn man eine Amme finden kann. Säugende Kätzinnen sind meist so gute Mütter, daß sie auch fremde Babys annehmen. Damit sie aber nicht zu fremd riechen, sollte man sie mit etwas Milch der Amme oder mit etwas Dosenmilch, oder mit dem Urin der anderen Katzenwelpen einreiben. Nur: Es steht nicht immer eine Amme zur Verfügung! Was dann?
Die kleinen Kätzchen müssen auf jeden Fall warmgehalten und vor Zug geschützt werden. Bis die Welpen eine Woche alt sind, sollte die Temperatur in der Kiste der jungen Katzen etwa 30–32° C betragen. Junge Katzen können sich sehr schnell verkühlen, denn die Regulation der Körpertemperatur funktioniert noch nicht richtig. So sind schon häufig Kätzchen nur an Unterkühlung gestorben, weil der Besitzer glaubte, daß die Kleinen sich gegenseitig wärmen würden. Bis die Kätzchen ungefähr drei Wochen alt sind, sollte die »Umgebungstempratur« bei ungefähr 30° C liegen. Danach kann man langsam auf 24° C sinken lassen.
Will man die Katzenbabys selbst aufziehen, sollte man wissen, wie sich die Muttermilch der Katze zusammensetzt.
Sie besteht aus:

etwa	82,4%	Wasser
etwa	7 – 9,5%	Eiweiß
etwa	4,8 – 6,8%	Fett
etwa	4,8 – 10%	Kohlenhydraten (Milchzucker)

Das sind Durchschnittwerte, individuelle Schwankungen sind immer möglich.
Die Ersatzmilch für die Welpen sollte möglichst exakt dieser Zusammensetzung entsprechen. Heute gibt es im Handel hervorragende und speziell für Katzenwelpen hergestelltes Milchpulver zu kaufen, das man nur noch mit lauwarmen Wasser

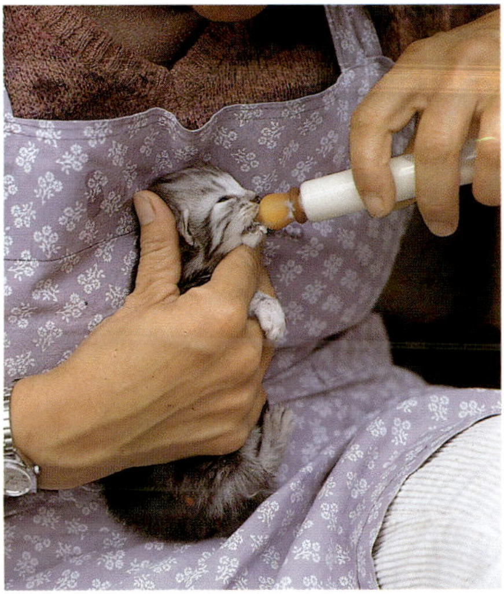

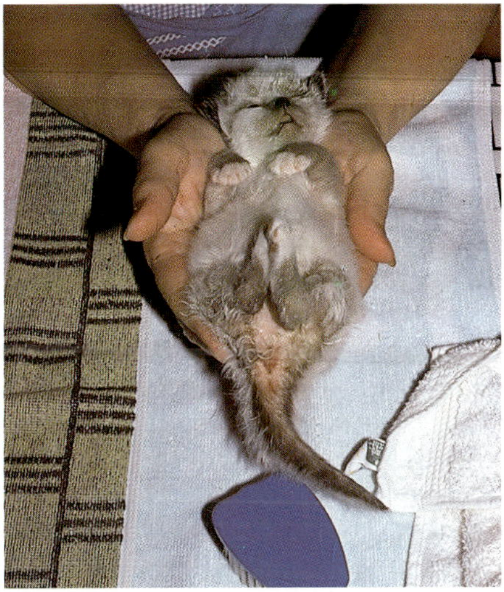

Wichtig ist beim Füttern von kleinen Katzen, daß man sie mit der Hand vorsichtig umfaßt, damit sie ihren Milchtritt ausführen können.

Verwaisten Katzenbabys muß man nach den Mahlzeiten vorsichtig das Bäuchlein und die Aftergegend massieren, um das Absetzen von Kot in Gang zu bringen.

(37–38° C) anrühren und den Kätzchen zum Trinken anbieten muß. Wichtig ist allerdings, daß man die Milch immer frisch anrührt.

Bei den fertigen Milchpräparaten richtet man sich, was die Trinkmenge betrifft, am besten nach den Angaben des Herstellers. Gut ist es für die Welpen, wenn sie in der ersten Woche am Tage alle zwei Stunden und nachts alle drei Stunden gefüttert werden. Dabei bekommen sie pro Mahlzeit – je nach Präparat – in den ersten Tagen etwa drei bis fünf Milliliter Milch. Hat man Geduld und Ausdauer genug, dann sollte man auch noch die nächsten zehn Tage diese intensive Fütterung durchhalten, allerdings bekommen die Kleinen jetzt schon etwa sieben bis acht Milliliter Milch. Dies sind aber nur Richtwerte, die nicht verallgemeinert werden können. In der dritten Woche reichen vier Mahlzeiten am Tage aus. Zwei zusätzliche Fütterungen in der Nacht, die sie von der Mutter auch bekommen würden, sind allerdings sehr zu empfehlen.

Das Fläschchen sollte immer eine Temperatur von 37–38° C haben, sonst kann es bei den Kätzchen zu Durchfällen kommen. Zur Not geht auch eine Mischung aus:

$\frac{2}{3}$ Dosenmilch (7,5% Fettanteil)
$\frac{1}{3}$ Rinderblutserum (in der Apotheke zu bekommen).

Wichtig ist, daß die Kleinen Flüssigkeit bekommen. Haben Sie gar nichts im Hause, tut es auch lauwarmes Wasser.

Glaubt man, alles richtig gemacht zu haben, und die Kleinen bekommen trotzdem Durchfall, sollte man sofort zum Tierarzt gehen.

Zum Füttern der Kleinen kann man eine Pipette, eine Einmalspritze oder eine kleine Säuglingsflasche mit Schnuller benutzen, die man in guten Tierhandlungen bekommt. Die Öffnung des Schnullers darf aber nicht zu groß sein, da sonst die Gefahr des Verschluckens, des Einatmens von Milch in die Lunge oder sogar Erstikkungsgefahr besteht. Auch sollte man den Welpen die eigene Hand vor die Füßchen halten, damit sie ihren Milchtritt ungehindert ausführen können.

Ist die Mahlzeit beendet, müssen Bauch und Aftergegend der Kätzchen massiert werden, damit die Verdauung auch richtig in Gang kommt.

Massieren kann man mit der Fingerkuppe oder einem Papiertuch. Das dann hoffentlich abgegebene Verdauungsprodukt wird mit einem Papiertuch entfernt. Der Kot hat eine hellockergelbe Farbe.

Pflegemaßnahmen

Gerade bei jungen Katzen ist Hygiene von besonderer Wichtigkeit. Die Wurfkiste sollte immer sauber sein. Vor allem kurz nach der Geburt ist das wichtig, damit Keime und Pilze keinen Nährboden finden. Die Körperpflege der Kleinen übernimmt in den ersten Wochen noch die Mutter. Trotzdem sollte man, besonders in der Zeit, in der die Jungen die Augen öffnen, immer wieder einen Blick auf den Nachwuchs werfen, ohne Mutter und Kinder dabei zu stören! Wenn die Kätzchen gesund sind, bedarf es sonst keiner weiteren Pflegemaßnahmen.

Kläglich schreit der Kleine nach seiner Mutter.

Die Welt wird erobert

Auf Entdeckungsreisen

Die ersten zwei bis drei Wochen beschäftigen sich die Katzenwelpen überwiegend mit Schlafen und Saugen. Ist die kleine Meute gut drei Wochen alt, wird es »lebendig« in der Wohnung. Erste Vorsichtsmaßnahmen: Schuhe ausziehen, wenn man das Katzenzimmer betritt. Die Kleinen sind dabei, ihre Welt zu erobern, und sie »wuseln« überall da, wo man sie bestimmt nicht vermutet, herum. Und die Mutterkatze läßt sie gewähren. Aber Ruhe hat sie trotzdem nicht. Ein Teil der Kätzchen möchte mit ihr spielen, die anderen haben wieder einmal Hunger. Zur Ruhe kommt sie erst, wenn alle schlafen.

Gefahren lauern überall auf die kleinen Katzen. Manche junge Katze macht schon mit vier Wochen ihre ersten Kletterversuche am »Kratzbaum« – und fällt kläglich zu Boden. Aber sprichwörtlich fällt sie immer auf die Beine, und passieren kann bei dieser Höhe nicht viel. Bald hat sie den Dreh raus und sitzt ganz oben auf dem Baum. Aber dann muß sie auch wieder herunterkommen. Nach anfänglichem ängstlichem Gepiepse nimmt sie sich ein Herz und springt. Und eigentlich geht es immer gut.

Achten Sie aber darauf, daß keine gefährlichen Gegenstände, wie Stecknadeln, Nähgarnreste oder sonstige Dinge, die die Kätzchen in ihrem Forscherdrang verschlucken oder an denen sie sich verletzen könnten, herumliegen. Auch Elektro-

So ein Knäuel eignet sich herrlich zum Spielen und kann, da es keine lose herumhängenden Fäden gibt, dem Katzenbaby nicht gefährlich werden.

Gemeinsam wird der nächste Unsinn ausgeheckt. Ob man die Bänder wohl um das Stuhlbein wickeln kann?

kabel eignen sich zum Knabbern und sollten deshalb entfernt werden!
Aber auch viele Topfpflanzen sind für Katzen giftig. So die folgenden Arten: Aronstab, Geranie, Narzisse, Efeu, Christusdorn, Oleander, Hyazinthe, Calla, Nelke, Christrose. Wenn die Katze sich gerne auf Grünzeug stürzt, dann sollten Sie ihr entweder Katzengras kaufen (im Zoo- und Fachhandel erhältlich) oder aber selbst im Blumentopf eine Grasmischung oder Hafer- oder Weizensprießkorn aus dem Reformhaus anpflanzen.

Die Begegnung mit anderen Katzen im Haus ist doch sehr aufregend, verläuft aber, solange die Kätzchen klein sind, ganz friedlich.

Katzen können zwar klettern, aber das Runterkommen macht Probleme. Wie dieser kleine Kerl versuchen sie es zunächst vorwärts und müssen erst lernen, rückwärts vom Baum zu kommen.

Die Fütterung der herangewachsenen Kätzchen

So ab der vierten Lebenswoche muß man zur Entlastung der Kätzin zusätzliche Kost zur Muttermilch füttern. Das Zusatzfutter muß lauwarm temperiert gegeben werden. Am Anfang haben die Kleinen noch keine Erfahrung, wie man aus einem Teller oder einer Schüssel frißt. Zeigen Sie es Ihren Kätzchen, indem Sie den Finger in

Auch wenn die Kleinen den ungewohnten Brei zunächst ablehnen, mit Geduld werden sie es schnell lernen.

den Teller halten und die Welpen das Futter von Ihrem Finger schlecken lassen. Die Tiere merken sehr schnell, daß das etwas Gutes ist, und daß sich mehr davon in dem Teller befindet. Haben sie erst einmal aus dem Napf gekostet, ist die Furcht und auch die Unentschlossenheit wie verflogen, und meist wird der Teller von den Kleinen sehr schnell geleert. Bleibt aber noch ein Rest in dem Schüsselchen übrig, muß dieser sofort nach dem Fressen entfernt werden, da die Kleinen sonst im Futter »herumsteigen«. Am besten bietet man zunächst Brei aus Haferflocken (Wasser und Haferflocken kochen) mit gut verdünnter Kuhmilch, eventuell auch gut verdünnter Dosenmilch an. In diesem Alter können die Katzen Milch noch gut vertragen. Dem Brei kann allmählich etwas Dosenfutter beigemischt werden. Auch menschliche Babynahrung bekommt den Kätzchen in diesem Alter sehr gut. Und geben Sie Mutter und Kindern immer getrennte Schüsselchen, denn auch die liebevollste Katzenmutter frißt ihren Kindern gern den größten Teil weg. Achten Sie darauf, daß das Futter der jungen Kätzchen sehr abwechslungsreich ist. Katzen spezialisieren sich, wie bereits erwähnt, häufig auf eine bestimmte Nahrung, und haben sie sich erst einmal an ein Futter gewöhnt, kann man sie kaum mehr umstimmen, was für den späteren Besitzer sehr lästig sein kann.

Haben die kleinen Kätzchen sich an festes Futter gewöhnt, kann man fein zerdrücktes Gemüse (zum Beispiel leicht gekochte Karotten) unter das Futter geben. Auch ein weiches Ei, etwas gekochter Reis oder Haferflocken kann man untermischen. In kleinen Portionen vertragen die Kätzchen auch schon Rinderhack. Einige Tropfen pflanzliches Öl oder auch Lebertran sind sehr gesund. Es gibt inzwischen auch spezielles Dosenfutter für Katzenkinder.

Im Alter von acht Wochen werden die meisten Kätzchen von der Mutter nicht mehr gesäugt und dürfen, in kleinen Portionen, eigentlich schon alles fressen. Sie können den Kleinen Fisch, Rindfleisch, Herz, Leber, Lunge (nur vom Rind), Quark und Gemüse anbieten. Besondere Leckerbissen sind Eintagsküken, die aber nicht roh, sondern besser kurz gekocht gegeben werden. Die Küken enthalten alle Nahrungsbestandteile, die eine Katze braucht. Allerdings sollte man vor dem Verfüttern Schnäbel und Beine entfernen. Bis zur zwölften Woche sollte man sich die Mühe machen, das Futter auf fünf bis sechs Mahlzeiten über den Tag zu verteilen. Auch die genaue Einhaltung der Fütterungszeiten ist wichtig, da die Katze und ihr Magen sich sehr schnell auf eine bestimmte Zeit einstellen und sie zu dieser Zeit Verdauungssäfte produziert. Nicht verzichten sollte man auf die Beigabe von Spurenelementen, Mineralstoffen und Vitaminen, wenn die kleinen Katzen nur Fleisch fressen wollen. Dabei muß genau auf den Herstellerhinweis geachtet werden, denn ein Zuviel kann zu Schäden und Krankheiten führen.

Hat man keine Lust oder Zeit, für die Katzen selbst zu kochen, kann man die Kleinen, sobald sie sich an festes Futter gewöhnt haben, mit Dosenfutter ernähren. Zunächst am besten mit dem schon erwähnten Katzenkinderfutter. Das Wasser muß immer frisch sein. An der steten Gewichtzunahme, am wohlgeformten Kot, an dem ausgelassenen Spielverhalten und dem glänzenden Fell Ihrer Kätzchen können Sie erkennen, daß sie sich wohlfühlen und die Fütterung stimmt.

Mutter und Kinder einträchtig beim Fressen. Achten Sie aber darauf, daß die Kleinen auch genug Futter abbekommen!

Auslauf im Freien

Die jungen Katzen sollte man nur dann auf den Balkon lassen, wenn dieser auch entsprechend abgesichert ist, da sonst die Gefahr besteht, daß ein unvorsichtiges Junges abstürzt. Die Kleinen haben noch keine Erfahrung, und so kann es durchaus passieren, daß sie die Balance verlieren und herunterfallen. (Bei älteren Katzen liegt die Gefahr in ihrem spontanen Beutetrieb. Sehen sie eine Taube oder einen anderen Vogel, vergessen sie alles und wollen ihn fangen. Das geht aber in vielen Fällen schief, und die Katzen landen mit Brüchen beim Tierarzt.)

Unter Aufsicht der Mutter wagen diese Kätzchen ihren ersten Ausflug ins Freie.

Wer die Möglichkeit hat, die kleinen Katzen gefahrlos ins Freie zu lassen, sollte ihnen dieses Vergnügen auf jeden Fall gönnen.

Besitzt man einen Garten, so kann man die Jungen unter Anleitung ihrer Mutter ruhig einen kleinen Ausflug unternehmen lassen. Mit sieben oder acht Wochen sind sie für so ein Unternehmen groß genug. Ohne Aufsicht sollte man die Schar aber nicht lassen, denn was im Kopf eines Kätzchens vorgeht, ist nicht vorherzusehen. Plötzlich ist es verschwunden und piepst jämmerlich nach seiner Mutter. Dann geht die Suche los! Meist wird die Mutter es vor Ihnen gefunden haben, passen Sie lieber derweil auf den »Rest« auf!

Für diese Ausflüge wählen Sie am besten möglichst sonnige Tage, denn Sonne ist für die körperliche Entwicklung der Kleinen gut und es besteht zudem auch nicht die Gefahr, daß die Kätzchen sich dabei erkälten.

Haben Sie nicht die Möglichkeit, die Katze und ihre Jungen gefahrlos ins Freie oder wenigstens auf den Balkon zu lassen, sollten Sie ein Fenster der Wohnung zum Beispiel mit Maschendraht so sichern, daß Mutter und Kinder sich dort bequem und ungefährdet sonnen können. Auch Katzen brauchen nämlich Sonne, und in einer dunklen Wohnung fühlen sie sich auf die Dauer nicht wohl.

Ist der Nachwuchs gesund?

Wenn die jungen Katzen springen, spielen und ordentlich fressen, ist der Wurf im allgemeinen gesund. Manchmal stellt sich aber erst beim Tierarzt heraus, daß mit den Jungen etwas nicht in Ordnung ist. Gelegentlich kann man eine Art Knopf oder Vorwölbung am Nabel feststellen. Es handelt sich dabei um einen Nabelbruch, der vom Tierarzt genäht werden muß. Geschieht dies nicht, können sich unter Umständen die Darmschlingen durch die

Gesunde Kätzchen – wie diese fünf hier – sind verspielt und immer zu Streichen aufgelegt.

Nabelöffnung zwischen Bauchdecken und Haut schieben und absterben. Die daraus entstehende Vergiftung kann das Kätzchen nicht überleben.

Manchmal fragen Katzenbesitzer den Tierarzt, wie es scheinbar ohne Grund zu Durchfall bei den Kleinen kommen kann. Alle sind doch gesund und munter. Bei längerem Nachfragen stellt sich dann heraus, daß die Kätzin wieder rollig war, und daß man ihr vorsorglich »die Pille« gegeben hat. Die Hormone gehen in die Milch über, und die Jungen können Durchfall bekommen. Manchmal haben sie aber auch Durchfall, wenn die Kätzin wieder rollig ist, ohne daß diese die Pille bekommt.

Die jungen Katzen sind dann meist schon 6–8 Wochen alt. Reagieren sie zum Beispiel auch bei einer Futterumstellung mit Durchfall, geben Sie am 1. Tag gar nichts außer dünnem, schwarzen Tee, der ganz leicht mit einer Prise Salz und etwas Traubenzucker versetzt ist. Etwas Haferschleim (Haferflocken in Wasser gekocht) oder ein Stückchen trockenes Knäckebrot hilft oft. Tags darauf sollte sich der Zustand stabilisiert haben. Ist der Durchfall jedoch zu hartnäckig, suchen Sie den Tierarzt auf!

Hat man Angst, mit den Kleinen könnte etwas nicht in Ordnung sein, prüft und mißt man als erstes ihre Körpertemperatur. Junge Katzen haben eine höhere Körpertemperatur als erwachsene. Sie liegt bei 38,5–39° C. Was darüber liegt, ist bereits Fieber. Ein wichtiger Hinweis auf die Gesundheit einer Katze ist immer ihr Allgemeinverhalten und ihr Allgemeinbefinden. Katzenbesitzer, die ihre Katzen gut kennen, merken sofort, wenn sich ihr Verhalten verändert und beobachten sie dann besonders aufmerksam. Und warten Sie nie zu lange, bis Sie einen Tierarzt aufsuchen, denn im Anfangsstadium sind die meisten Erkrankungen bedeutend leichter zu behandeln.

Katzenknigge

Mutter ist eine strenge Lehrmeisterin

Die ersten vier Wochen verbringen die Jungen im Nest. Einige Katzenmütter beginnen bemerkenswert früh mit der Erziehung ihrer Kinder. Es ist eine Frage von Temperament und Erfahrung der Kätzin. Aber meist ist sie mit der Pflege der hilflosen Kleinen beschäftigt.
Sobald aber die Jungen sehen und hören können, beginnt für sie der Ernst des Lebens. Entfernen sich die Kätzchen ohne Erlaubnis vom Wurf, werden sie von der Mutter meist sehr unsanft zurückgeholt. Hat die Mutter einmal nicht aufgepaßt und sich ein Kleines in der Wohnung verirrt, dann piepst und miaut es so lange kläglich, bis sich die Mutter erbarmt und ihr verlorengegangenes Kind sucht und zum Nest zurückholt. Im Normalfall transportiert sie die Kleinen mit dem sogenannten Nackengriff am Hals, wo sich dann eine größere Hautfalte in die Höhe zieht. Die Jungen hängen fast starr und regungslos im Maul der Mutter und warten, bis sie abgesetzt werden. Es gibt auch Kätzinnen, die ihre Kinder an den Beinen packen. Das schaut etwas seltsam aus und

Mutter spielt geduldig mit den Kleinen. Wenn es ihr zu viel wird, kann es auch schon mal eine Backpfeife setzen.

Das Putzen müssen die Kleinen nicht lernen. Reinlichkeit ist ihnen angeboren.

scheint auch nicht so angenehm für den Nachwuchs zu sein, wie man unschwer aus dem Verhalten der Kleinen entnehmen kann.
Je älter die Jungen werden, um so mehr lernen sie von der Mutter. Sei es, daß sie ihr abschauen, wie sie auf den Katzenbaum springt oder wie sie mit sehr viel Geschick eine geschlossene Tür öffnet, indem sie kräftig auf die Klinke springt. Fast geschlossene Türen werden mit der Pfote geöffnet. Auch wenn die Jungen zunächst noch zu leicht oder zu schwach sind, diese Tricks selbst auszuführen, merken sie sich doch gut, was sie bei Mama sehen.

Freilaufende Katzen bringen ihren Kindern halbtote Mäuse mit, damit sie das Mäusefangen lernen.

Diese erfahrene Lehrmeisterin brauchen die Jungen. Auch das Fressen und Kauen wird der Mutter abgeguckt. Dieses enge Familienleben ist wichtig für die Entwicklung der Jungen.
Darf die Kätzin in den Garten, was auf dem Land häufig der Fall ist, bringt sie ihren Jungen ab der vierten bis fünften Woche eine getötete Maus mit, um ihnen zunächst einmal ihre zukünftige Beute zu zeigen. Daß sie mit Beute kommt, gibt sie den Jungen mit einem speziellen »Mäuseruf« zu verstehen.
Sind die Jungen älter und schon etwas erfahren, tötet sie die Maus nicht oder nicht ganz und legt sie, wie es den Anschein haben mag, ihren Kindern zum Spielen hin. Auf diese Weise sollen die Jungen schon jetzt lernen, wie man Mäuse fängt und mit der Beute umgeht. Zuerst scheint die Maus noch eine Flucht-

chance zu haben, weil die Kleinen sehr ungeschickt sind und die Maus entkommen lassen (die Mutter holt sie dann schon wieder). Später jedoch, unter Anleitung der Mama, lernen sie genau, wie man eine Maus fängt, tötet und frißt.
Manche Katze scheint sich auch vorgenommen zu haben, ihren menschlichen »Kindern« das Mäusefangen beizubringen. Zumindest leiden viele Katzenbesitzer unter der Angewohnheit ihrer Katze, ihnen immer wieder halbtote Mäuse auffordernd vor die Füße zu legen. Oft erkennt man diese Absicht schon daran, daß die Katze mit dem »Mäuseruf« Einlaß begehrt. Dann ist es am besten, sie gar nicht erst herein zu lassen, zumindest nur ohne Maus. Aber auf jeden Fall erwartet sie ein Lob und am besten den Austausch der Beute gegen einen Leckerbissen.
Benimmt sich ein Kleines »daneben«, gibt es auch Strafe von der Mutter. Entweder packt sie den Nachwuchs am Nacken, oder, wenn er es zu toll getrieben hat, gibt es auch schon einmal einen kleinen Hieb oder Klaps mit der Pfote. Die Jungen wissen sofort: Jetzt ist Schluß!

Die Stubenreinheit

Katzen stubenrein zu bekommen, ist in der Regel überhaupt kein Problem, da sie immer bestrebt sind, ihre Ausscheidungen säuberlich zu verscharren und deshalb von sich aus die einzige Stelle der Wohnung, wo sie das können, nämlich das Katzenklo, aufsuchen. Es ist also nicht nur aus Gründen der Geruchsbildung wichtig, geeignete Katzenstreu im Katzenklo zu haben, sondern auch, um den Katzen das ihnen angeborene Scharren zu ermöglichen.
Auch mutterlos aufwachsende Kätzchen lernen den Gang auf ihr Klo problemlos, wenn man sie damit bekannt gemacht hat. Noch schneller und einfacher lernen die Kleinen natürlich, wenn sie es ihrer Mutter abschauen können.
Wenn die Kleinen auf ihren eigenen Beinchen stehen können und sich nicht mehr ausschließlich von Muttermilch ernähren, ist es Zeit, ihnen ein eigenes Katzenklo hinzustellen. (Stellen Sie es lieber zu früh, also ab der dritten Woche, als zu spät auf, damit die Jungen gar nicht erst auf die Idee kommen, den Teppich zu benutzen. Eine Stelle, wo ein Kätzchen einmal hingemacht hat, stimuliert nämlich die Geschwister zu gleichem Tun, und es kann sogar vorkommen, daß die ansonsten stubenreine Mama sich dort ebenfalls verewigt.) Dabei ist es wichtig, daß der Rand der Kiste nicht zu hoch ist (fünf bis zehn Zentimeter), damit die Jungen gut hineinsteigen können. Die Kleinen riechen, daß man da sein »Geschäft« erledigen kann und setzen sich, genau wie die Mama es tut, in den Sand. Scharrt die Alte anschließend alles gut zu, so machen es ihr die Jungen nach. Alles will eben

gelernt sein. In dieser Zeit ist es für den Besitzer besonders wichtig, die Katzentoilette immer sauberzuhalten. Ganz unten in der Toilette sollte allerdings immer noch ein Rest mütterlichen Urins oder etwas von dem benutzten Sand bleiben, damit die Kleinen durch den Geruch daran erinnert werden: Hier muß und hier darf ich...

Katzen lernen meist sehr schnell und problemlos, eine Katzentoilette zu benutzen. Sobald die Kleinen anfangen, das Nest zu verlassen und herumzutollen, sollte man eine Katzentoilette für sie aufstellen.

Fehlt jedoch die Mutter, so setzt man die Kätzchen, am besten kurz nach dem Fressen, in die Streu. Hat sich ein Kleines gelöst, kapieren es auch die Geschwister meist sehr schnell und setzen sich ebenfalls für ihr Geschäftchen aufs Katzenklo. So seltsam es klingt: Ein Kätzchen muß das selbständige Absetzen von Kot und Urin erst lernen. Bisher war die Zungenmassage der Mutter der auslösende Faktor. Deshalb sitzen einige Kätzchen laut jammernd mit »Ladehemmung« bei ihren ersten Geschäftchen auf dem Klo. Halten Sie einige Kleenex bereit, und helfen Sie dem Welpen, indem Sie den kleinen After sanft massieren.

Natürlich kommt es anfangs auch mal vor, daß sich ein Kätzchen auf dem Boden oder dem Teppich verewigt. Dann sollte man es in dem Moment, in dem es sich vergißt, packen und ins Katzenklo setzen.
Eine üble Angewohnheit vieler Katzenbesitzer ist es, das Näschen der kleinen Katze in den Kot zu stecken. Diese Maßnahme hilft nicht gegen Unsauberkeit und stört nur das Verhältnis zu dem Tier. Wenn eine Katze die Toilette nicht benutzen will, schauen Sie erst einmal nach, ob es nicht einen Grund dafür gibt. Vielleicht ist die Streu zu spitz, so daß die Füßchen weh tun, oder der Rand der Kiste ist zu hoch. Auf eine unsaubere Toilette gehen viele Katzen auch nicht. Möglich ist es allerdings auch, daß die Kiste am falschen Ort oder im falschen Zimmer steht.
Es darf keine langen Wege zwischen Spielgrund und Toilette geben, denn kleine Katzen haben es – wie kleine Kinder – immer brandeilig. Stellen Sie lieber eine Toilette mehr auf. Man sollte sich auch fragen, ob das Kätzchen vielleicht eine schlechte Erinnerung an die erste Benutzung des Katzenklos hat und deshalb den Gang verweigert. Oder protestiert es gegen irgend etwas? Diese Punkte sollten erst einmal geklärt werden, wenn eine Katze die Benutzung der Katzentoilette verweigert.
Besser als auf Strafe scheinen Katzen auf Lob zu reagieren. Hat also einer der kleinen Gesellen Probleme mit der Stubenreinheit, setzen sie ihn immer nach dem Fressen auf das Klo, und wiederholen sie diesen Vorgang sanft, aber konsequent so lange, bis er sein Geschäft dort erledigt. Dafür wird er dann ausführlich gelobt. Sie werden sehen: Nach zwei, drei Sitzungen hat er es kapiert.

Geschwister unter sich

Wenn Katzenbabys spielen, dann geht es manchmal hoch her. Sie balgen und beißen sich, schlagen einander mit den Pfötchen und jagen sich gegenseitig, bis sie todmüde umfallen. Dies alles sind Verhaltensweisen, die sie in der Natur zum Überleben und zur Verteidigung ihres Reviers brauchen. Spielerisch lernen die Katzen das ihnen eigene Sozialverhalten. Sie putzen und sie lecken sich selbst und ihre Geschwister, sie lernen sich behaupten und auch, wie man sich schnell aus dem Staub macht. Wenn junge Katzen miteinander spielen, sind sie vor Überraschungen nie sicher, was natürlich ebenfalls einen erheblichen Lerneffekt hat. So werden sie wendig und reaktionsfähig, und außerdem bedeutet jedes Spiel Training für Muskeln, Kreislauf und Lungen. Immer wieder kann man beobachten, wie sie auf den Schwanz der Mutter – oft nicht gerade sanft – Jagd machen, und die Kätzin läßt sie gewähren, ja animiert sie sogar dazu. So wird der Jagdinstinkt geweckt, und verschiedene Jagdtechniken werden so spielerisch erlernt. Sehr beliebt ist auch

das Spiel mit dem Ball oder mit einer Schnur, einer baumelnden Quaste oder ähnlichem. So klein die Kätzchen auch sein mögen, die für später lebenswichtigen Sprünge und Bewegungen beherrschen sie schon im Alter von sechs bis sieben Wochen.
Manchmal passiert es auch, daß es durch zuviel Übermut zu kleinen Schrammen, Kratzern und Bissen kommt. Das ist aber nicht weiter schlimm. Aufpassen muß man nur, wenn ein Hieb im wahrsten Sinne des Wortes ins Auge geht. Diese Verletzung sollte man sofort von einem Tierarzt untersuchen lassen!
Kätzchen, die ohne Mutter und Geschwister großgezogen werden, haben nicht die Chance, das alles zu erlernen. Deshalb scheinen sie manchmal in ihrem Verhalten etwas zurückgeblieben zu sein. Häufig werden sie auch Außenseiter, das heißt sie sind meist die geborenen »Alleinkatzen« und extrem auf den Menschen geprägt. Der Besitzer muß allerdings sehr viel Zeit für diese besonders anschmiegsamen Katzen aufbringen.

Auch wenn es manchmal hoch hergeht, die kleinen Katzen verletzen sich beim Spiel selten gegenseitig.

Das Zusammenleben mit den Menschen

Wenn die Kleinen anfangen, das Nest zu verlassen, sollte man sie auch mit den Menschen vertraut machen. Um so mehr Freude werden die zukünftigen Besitzer an ihrer zärtlichen und zutraulichen Katze haben. Jetzt ist es höchste Zeit, die Kätzchen daran zu gewöhnen, daß sie sich anfassen, streicheln und hochheben lassen. Die Beschäftigung mit den bezaubernden Katzenkindern wird keinem Katzenfreund schwerfallen. Aber vergessen Sie vor lauter Jungen die Mutter nicht. Sie würde es Ihnen sehr übel nehmen, wenn Sie sie wegen ihrer Kinder vernachlässigen würden.

Seien Sie sparsam mit »menschlichen« Erziehungsversuchen. Gewöhnen Sie den Kleinen nur das ab, was für die Welpen und für ihren späteren Besitzer gefährlich werden könnte – wie Beißen auf Elektrokabeln, auf den Herd springen, Gardinenklettern usw. Ertappen Sie das Kleine auf frischer Tat, klatschen Sie laut in die Hände und rufen energisch »Nein«!

Ist das Kätzchen kein Wasserfan, kann ein kurzer »Strahl« aus einem Blumenzerstäuber Wunder wirken. Das Kleine darf aber nicht sehen, woher der Wasserstrahl kommt!

Niemals – wirklich niemals – dürfen Sie ein Kätzchen am Nackenfell packen und schütteln! Wenn Sie mit der Erziehung zur »Wohnungskatze« beginnen, sind die Nackenbänder der Welpen weitgehend gefestigt und werden bei unsachgemäßer, grober Behandlung leicht überdehnt und können verletzt werden.

Auf keinen Fall sollten Sie Ihre Katze verhauen, denn das bleibt mit Sicherheit ohne die pädagogisch gewünschte Wirkung. Im Gegenteil, es kann Ihnen durchaus passieren, daß Sie plötzlich ein paar schmerzhafte Kratzer haben. Und – wie schon gesagt – am ehesten läßt sich eine junge Katze mit Liebe, Geduld und Lob erziehen.

Apropos Kratzer: Ob die Kleinen eher mit Samtpfötchen oder mit ausgefahrenen Krallen mit Ihnen spielen, scheint im wesentlichen eine Typfrage zu sein. Es gibt kleine (und auch große) Katzen, die selten oder nie ihre Krallen einsetzen und solche, die das immer tun. Auch wenn es

Katzen können schon früh lernen, einen Kratzbaum oder Kratzmatten zu benutzen und die Möbel in Ruhe zu lassen.

nicht böse gemeint ist und nur im Eifer des Spiels geschieht, die Kratzer sind nicht gerade angenehm. Bieten Sie diesen Kätzchen nie Ihre Hände als Spielzeug an und, sollten Sie sie doch einmal in den Krallen haben, halten Sie ganz still. Das stoppt den Spieltrieb, und Sie können Ihre Hand aus der Gefahrenzone bringen. Es macht wenig Sinn, Katzen für dieses spielerische Kratzen zu strafen – so gewöhnen Sie ihnen nur das Spielen ab –, denn Katzen können nicht verstehen, daß Menschen so viel dünnhäutiger sind als Katzen.

Und noch etwas zum Kratzen. Auch kleine Katzen kann man schon an den Kratzbaum gewöhnen und so die Möbel schonen. Junge Katzen sind ganz besonders neugierig und unternehmungslustig, und das ist auch richtig und wichtig so. Sie müssen in diesem Alter alles lernen, was sie später zum Überleben brauchen, und da geht Probieren über Studieren. Sorgen Sie also in der Katzenkinderstube für Spielzeug, Kletter- und Tobemöglichkeiten, dann werden die Kleinen auch in der Wohnung keinen Unsinn anstellen.

Erwischt man eine solche Naschkatze auf frischer Tat, dann sollte man laut in die Hände klatschen und »Nein« rufen.

Wenn Kinder groß werden…

Die Kindheit geht zu Ende

Im Alter von 12–14 Wochen sind die Kätzchen erwachsen genug, um weggegeben werden zu können. (Muß es aus irgendwelchen Gründen früher sein, sollten Sie auf jeden Fall damit warten, bis die Kätzchen acht Wochen alt sind, selbständig fressen können und stubenrein sind. Aber – wie gesagt – je länger die Kleinen bei der Mutter bleiben können, desto besser für sie. Normalerweise würde die Mutter den Nachwuchs fünf bis sieben Monate lang betreuen.)

Die Kleinen schauen nun nicht mehr mit babyblauen Augen in die Welt, sondern haben ihre endgültige Augenfarbe und damit auch ihre volle Sehfähigkeit bekommen. Sie sind geschickt, wendig und unglaublich flink, eine Miniaturausgabe einer Katze.

Katzenliebhaber gesucht

Sind Sie Besitzer einer Katzenmutter und ihrer Jungen, so werden Sie sicherlich alle Freunde und Bekannte darüber informiert haben, daß es in Kürze junge Kätzchen zu verschenken gibt. Verantwortungsvolle Katzenbesitzer vergewissern sich vor der Trächtigkeit ihrer Katze, ob sich auch genügend Abnehmer für die Kleinen finden. Sonst ist es nämlich besser, die Katze erst gar nicht rollig werden zu lassen (siehe Seite 16).

Notfalls können Sie aber auch einmal in der Zeitung ein Inserat aufgeben. Es finden sich hoffentlich Katzenliebhaber, die gerne so ein Tier bei sich in der Wohnung oder im Haus haben möchten. Sie sollten aber darauf achten, daß die Kätzchen auch einen wirklich guten Platz bekommen und sich ausbedingen, daß Sie einoder zweimal nach Ihren Kätzchen sehen dürfen. Lassen Sie sich auf jeden Fall den Personalausweis des neuen Besitzers zeigen, und notieren Sie Adresse und Telefonnummer.

Besitzer von Rassekatzen finden in der Regel leicht einen Käufer für den Nachwuchs.

Haben Sie junge Edelkatzen, dann haben Sie diese sicher gleich nach der Geburt bei dem entsprechenden Verband angemeldet und registrieren lassen. Viele, die eine Edelkatze suchen, kommen dann über den Club oder den Verband auf Sie zu.
Leider stellt es sich oft erst später heraus, ob der neue Besitzer auch ein guter Besitzer ist. Deshalb sollten Sie sich auch bei einer Edelkatze, die sehr teuer verkauft wurde, immer die Möglichkeit offen halten, nach dem Tier sehen zu dürfen, um es notfalls wieder zurückzunehmen. Wichtig ist, daß man beobachtet, wie der neue Besitzer mit den Tieren spielt und mit ihnen umgeht. Laden Sie ihn ruhig zu einer Tasse Kaffee ein, und achten Sie genau auf sein Verhalten den Katzen gegenüber. Er soll das Tier ja zehn oder fünfzehn Jahre bei sich behalten, und die Katze soll sich auch bei ihrem neuen Besitzer wohl fühlen.
Auch stammbaumlose Hauskatzen sollten Sie übrigens an Fremde nicht kostenlos abgeben, denn die Ansicht, was nichts kostet, das ist auch nichts wert, ist leider nur noch allzu verbreitet. Der Preis sollte

Wer mehr als eine Katze halten will, sollte sich Geschwister eines Wurfes anschaffen.

die Impf- und Tierarztkosten decken und über dem ortsüblichen Preis für Versuchstiere liegen (erkundigen Sie sich beim Tierheim), da so gewissenlose Tierfänger erfolgreich abgeschreckt werden.
Wil! man selbst ein oder zwei Katzen eines Wurfs behalten, sollte die Wohnung groß genug sein, damit sich die Tiere nicht stören und jedes sein eigenes Territorium hat. Katzen sind Einzelgänger, und man sollte sie nicht in einer Zwangsgesellschaft halten; dann werden sie neurotisch und unglücklich.
In der Regel harmonieren Katzen aus einer Familie aber wunderbar miteinander. Die Mutter-Kindbeziehung bleibt häufig erhalten. Wenn man zwei Kätzchen haben möchte, sollte man Geschwister aus einem Wurf nehmen, denn die werden sich gut vertragen.

Gesund und munter ins neue Leben

Auch wenn es heißt, Katzen hätten sieben Leben, sind sie für viele Krankheiten anfällig. Wenn Sie sich eine Katze anschaffen, so wird der Gang zum Tierarzt von Zeit zu Zeit sicher notwendig sein. Katzenbabys müssen die erste Wurmkur spätestens im Alter von sechs Wochen machen. Die zweite Kur ist dann zwei bis drei Wochen später fällig, denn alle jungen Katzen haben Würmer. Sind die Kätzchen gesund, dann werden sie meistens in der achten Woche das erste Mal geimpft. Die zweite Impfung erfolgt dann vier Wochen später, im Alter von zwölf Wochen. Diese zweite Impfung sollte man auf keinen Fall vergessen, denn nur dann hat die Katze auch einen Impfschutz.
In der heutigen Zeit können Sie Ihre Katze gegen Tollwut, Katzenseuche, Katzenschnupfen, Katzenleukose, Chlamydien und in Kürze auch gegen F.I.P. (siehe Seite 12) impfen lassen.
Auf Ausstellungen und bei Reisen ins Ausland ist die Tollwutimpfung Pflicht! Kommt die Katze ins Freie, sollten Sie sie zu Ihrer eigenen Sicherheit gegen Tollwut impfen lassen. Diese Impfung muß übrigens jedes Jahr wiederholt werden.
Wenn Sie Ihre Katze aber nur in der Wohnung halten und sie nie ins Freie kommt, ist eine Impfung gegen Tollwut unnötig.
Die Katzenseuche ist eine sehr schlimme und ansteckende Krankheit. Glücklicherweise sterben in letzter Zeit nicht mehr so viele Katzen daran, weil die meisten Katzenbesitzer ihre Katzen regelmäßig dagegen impfen lassen. Bei dieser Erkrankung bekommt die Katze hohes Fieber, leidet an Appetitlosigkeit, an Durchfall und Erbrechen. Vielen jungen Katzen, sind sie einmal an der Katzenseuche erkrankt, kann man auch trotz intensiver Behandlung nicht mehr helfen. Ist die Grundimmunisierung (mit acht und mit zwölf Wochen impfen lassen) vorhanden, sollte sie jährlich wiederholt werden.
Anders ist es beim Katzenschnupfen. Der Impfschutz gegen diese Krankheit muß

jährlich aufgefrischt werden. Katzenschnupfen ist ebenfalls sehr ansteckend, es bedarf keines direkten Kontaktes von Tier zu Tier. Schon die Viren an Ihrem Pulli reichen aus, um die eigene Katze zu Hause zu infizieren. Im Falle einer Erkrankung niesen die Katzen, bekommen Fieber, entzündete Augen und Bläschen auf der Zunge, die mit der Zeit aufplatzen und so schmerzhaft sind, daß die Katze nicht mehr frißt. Auch Bronchien und Lunge sind betroffen, und es kommt zu einem starken Ausfluß aus der Nase.

Der neueste Impfstoff, der auf dem Markt ist, ist der Impfstoff gegen Katzenleukämie. Zuerst muß die Katze getestet werden, ob sie auch wirklich frei von Leukose

Gerade kleine Katzen sind anfällig für viele Krankheiten und brauchen einen Impfschutz!

ist. Dann wird sie dreimal geimpft. Das erste Mal im Alter von 9 Wochen, die zweite Impfung dann 3 – 4 Wochen später und die dritte Impfung 2 – 4 Monate später. Diese Impfung muß jährlich wiederholt werden. Die Symptome dieser Krankheit sind sehr vielfältig und können in Erbrechen, Zahnfleischentzündungen, Durchfällen, chronischem Niesen usw. bestehen. Oft tragen die Katzen das Virus schon mehrere Jahre in sich, bis die Krankheit ausbricht.

Jährlich wiederholen sollte man, auch zur eigenen Sicherheit, die Wurmkuren. Wurmeier können überall haften, und so kann sich eine Hauskatze immer wieder infizieren.

Bei richtiger Pflege und liebevoller Behandlung werden die niedlichen Kätzchen zu stattlichen Katern oder Katzen heranwachsen.

Alle Impfungen werden vom Tierarzt in einen Impfpaß eingetragen, der zusammen mit dem Kätzchen dem neuen Besitzer übergeben wird.
Wollen Sie sich selbst eine junge Katze anschaffen, vergessen Sie nicht, nach dem Impfpaß zu fragen oder, hat der vorherige Besitzer es versäumt, die Katze impfen zu lassen, selbst alle notwendigen Impfungen durchführen zu lassen.
Sehr nützlich und hilfreich ist es auch, wenn man seine Katze tätowieren läßt. Das gibt einen gewissen Schutz gegen Tierfänger, denn alle verantwortungsbewußten Versuchslabors haben sich verpflichtet, derartig tätowierte Tiere nicht zu kaufen.
Zum anderen erleichtert es Ihnen die Identifikation Ihrer Katze, sollte sie einmal verlorengehen und im Tierheim landen. Der Tierarzt tätowiert dabei der Katze eine individuelle Nummer in die Ohren.

Schlußwort

Zum Schluß noch einige Regeln, die jeder beachten sollte, wenn er sich eine Katze anschafft!
Wenn man sich eine Katze kauft, muß man wissen, daß man 15 oder mehr Jahre lang einen Hausgefährten hat, auf den man Rücksicht nehmen muß, und der versorgt sein will.
Ein Haushalt mit Tieren zeigt auch Spuren an Teppichen, Möbeln und anderen Gegenständen. Wer also beim Gedanken an Kratzspuren an seinen Polstermöbeln eine Gänsehaut bekommt, sollte seinen Wunsch nach einer Katze als Hausgefährte noch einmal überdenken!
Zuerst muß man sich aber vor allem vergewissern, ob man im Mietshaus oder der Mietwohnung überhaupt eine Katze halten darf. Die Genehmigung des Hausbesitzers sollte man sich schriftlich geben lassen.
Und wohin man die Katze in Pflege geben kann, wenn man in Urlaub fährt oder krank wird, ist eine Frage, die sich jeder stellen sollte, der sich eine Katze anschaffen will. Weiterhelfen können einem da die örtlichen »Catsitter-Clubs« oder das Tierheim.
Nach dem Kauf einer Katze sollte man sofort zum Tierarzt gehen und sie untersuchen und – wenn nötig – impfen lassen.
Sind alle Voraussetzungen erfüllt, kann man eigentlich nur sagen: Viel Glück und Freude mit dem neuen Familienmitglied!

Register